湛庐文化 Cheers Publishing
a mindstyle business
与 思 想 有 关

共鸣的灵魂

河合隼雄の「幸福論」

[日]河合隼雄 著
蔡鸣雁 译

北京联合出版公司
Beijing United Publishing Co.,Ltd.

日日是好日

张日昇
北京师范大学心理学部教授、博士生导师

河合隼雄先生是将箱庭疗法引入日本并为之命名的第一人，也是我的心理督导老师。1998年10月8日，几经周转有机会正式拜会时任日本国际文化研究中心所长的河合先生。当时的情景，在河合先生为拙著《箱庭疗法》所作的序里可见："当时我们进行了相当长时间的交谈，张教授学习这一疗法并打算将其介绍到中国的热情给我留下了极深的印象，至今仍记忆犹新"。

其后，在岡田康伸教授和樱井素子老师的支持下，我将箱庭疗法正式引入中国。在河合先生被任命为文化厅长官后日理万机的日子里，先生仍然答应做我的心理督导并在我需要的时候安排时间接待我。2006 年当我带着新书向先生报告时，先生满面喜悦表达祝贺之时还题字“无为而化”，并用云门文偃禅师的“日日是好日”寄语箱庭疗法在中国今后的发展。

而今，受湛庐文化之托，为河合隼雄先生《心灵晴雨图》《共鸣的灵魂》《大人的友情》《心的栖止木》心灵四书写序，仿佛时空交错，我再次接过了先生手中的接力棒，将先生对心理咨询、自我认知及体悟、人生与幸福、友谊之精髓予以传承与播撒。想起与河合先生一年一度相见的默契约定，为我和先生之间架起一座心灵沟通的桥梁。如今双手捧起这四本书，河合先生温柔清新、宽广圆融之气透过文字书香扑面而来。

《心灵晴雨图》以活泼诙谐、亲切坦诚的语言润物细无声地渗透着河合先生心理咨询的理念与思维方式，更以简明生动、深入浅出的方式分析了如何倾听、梦境分析、秘密和阴暗面的处理、自我认知与自我觉察、夫妻关系、异性友情、亲子关系等，为我们提供了丰富、具体、可操作的实现路径与方便法门。读先生的文字本身亦具有治愈效果。对每个人来说都很受用，可以说是案头卷、枕边书。河合先生提出“一直采取‘我能做到这个程度’的思维方式，人的潜力就会被开发出来”带给我们积极正向的启示。

关于倾听，“那些在‘入口处’静静站着，认真回应倾听者的话，并能够做到不追根究底，让倾诉者来去自如的人，就是那个能够很好地说出‘嗯’的人”，这也是一直以来我们所坚信的，咨询师倾听时尽可能不说少说要比说点什么更难，箱庭疗法中做个静默的陪伴者比解释分析来得更难，但这也许正是促进来访者自我表达、自我探索、自我治愈与整合的关键所在。无论如何，看到来访者积极正向的一面，进而启发挖掘这一处蕴藏的神奇力量——正是河合先生心理咨询之核心与关注点所在。

关于梦境的分析，河合先生为我们提供了很多线索，比如多种类型的梦、读梦的方法、与人或物邂逅的缘分等等，还贴心地告诉读者对待自己的梦也要如同对待秘密一样认真，在跟人讲述自己的梦的时候，也要有选择地寻找对象。真是无处不在无微不至的关怀心。我不主张自己分析自己的梦，如同自己不要去制作箱庭一样。在这一点上，河合先生也是赞成我的观点的。同时，他还为我们发出善意的忠告，“一个人的人生经历，能够对别人的人生发挥作用的部分，简直是微乎其微”……

《共鸣的灵魂》以“戴上‘幸福的眼镜’”“品味微妙的人生”“人活在各种关系中”“幸福不是一帆风顺”四部分，探讨了读者都会关心的问题：“幸福是什么”以及“如何才能得到幸福”。将河合先生的所见所闻、读书所感“以轻松的方式直接或间接地与幸福关联在一起”，以“幸福无法计算”“共享的喜悦”“享受命运”“别再逃避”等短文告诉读者如何体验幸福。其实我们并不缺少幸福，缺少的是感受幸福的能力。在箱庭疗法中，我一直坚持“我的世界我做主”，强调来访者自身的体验和领悟，与先生的观点不谋而合。

品味微妙的人生，以品为动态，以微妙为形容，独到又贴切地道出了河合先生对待人生的哲学。以文学经典、民间传说、咨询个案以及河合先生的个人经历为引子，让读者在轻松阅读的同时感受河合先生的谆谆教诲：“或许还有另一种生活方式，那就是从一开始就不要追求‘心满意足的人生’，而是享受自己一点一点得到的东西”。我经常嘱咐学生：“创造机会，体验挫折，表扬努力，享受过程”“努力工作，准备失败”，也是意在让学生放下对完美结果的执念，在过程中获得成长和喜悦。

这本书以 60 个故事作为集河合先生多年阅历和智慧

而开出的“心的处方笺”，阅读时因其流畅的文风、平易的口吻、舒适的表达，仿佛同河合先生对坐品茗，听他为我们娓娓道来。对于曾经有幸和先生会面交谈的我，更有一番时光重现的感叹。

《大人的友情》针对成年人，将存在于大人错综复杂的人际关系中的友情一一剖析。前两部分讲述在同性、异性友谊中你会拥有的复杂感情和如何面对、处理这些感情；第三部分将爱情中友谊的成分提取出来，不论是在同性或异性的爱恋中，都会有友谊的成分在时间长河中沉淀下来；第四部分表述礼物对于友情的意义，最后用三个“不可思议的友情故事”让读者对友情的认知持续升华。

在咨询室中，人际关系问题是常见的困惑。因为没有朋友而感到苦恼的来访者是每个咨询师都会遇到的。河合先生在文章的开始，就带领读者转换思路，先思考一下：你认为的友情是什么？先生以一个生动的例子来表达“极够朋友”：深夜开着装有尸体的车敲门求助，都会二话不说帮忙想办法的人。这个故事极有深意：首先，并未说明就是“我”杀了人；其次，“帮忙想办法”也不等同于包庇。咨询师也会遇到同样的情况，先入为主的预设是非常伤害来访者的，在《心灵晴雨图》中河合先生也强调了倾听的重要性，听来访者诉说，以真诚的态度表达对来访者的共感理解。同样接纳也不是包庇，咨询师需要给来访者营造安全与受保护的空间，让来访者自我觉察，与来访者共同成长。

河合先生用了日本一句古语来表现人际关系：马很合，虫不喜欢。马很合、场很合、相性很合都在表达同一个意思，河合先生用精神分析的理论来说明，即两个人共有某种无意识的东西才会有“人马一体”的相性投缘的感觉。虫不喜欢表达的也是无意识里的拒绝，河合先生鼓励读者对自己的“虫”进行分析，从而认识自己。我也经常说：“喜欢的就是你的光，不喜欢的就是你的阴影”说的也是这个道理。箱庭疗法是沟通意识和无意识的桥梁，我也在想，通过制作箱庭或许可以让制作者对自己的人马一体、相性投缘的“马很合”“虫不喜欢”有更好的认识吧！当然，最关键的还是要接受，不管是自己喜欢的还是不喜欢。

在友谊中我们也时常面临这样的问题：友人有难时我哭泣，但友人成功时我却很难微笑。河合先生指出了“一心同体”的危险，这种在文学作品中被高度赞扬的友谊实际上与个体差异性相矛盾。在现实生活中我也经常会遵循“少言他人的过失”，但有时候又很难控制自己的“爱必管教”的冲动。我总说咨询师在对来访者共感理解的同时，要保持“一只脚在岸上，一只脚在水里”，帮助人“既要有热心，还要有冷脑”的态度，也是为了防止太过与来访者同步而造成咨询师的失控，以至于会忘乎所以地去剥夺别人失败的权利。

存在于爱情中的友情，需要时间的沉淀才会逐渐显现出来。我喜欢河合先生说的：夫妻在长久相处之后，变成了“喝茶的朋友”。他将中老年的夫妻比作“喝茶的朋友”，强调一种日常性的感觉，而非戏剧性的轰轰烈烈。我母亲这些年一直在说的一句话“我也就能做一顿饭”，其实这“一顿饭”正是日积月累着的母亲的味道，而这味道正是“爱”表达。有一位母亲跟我说：“我和她爸就剩下在一口锅里吃饭的情份了”，她本来是在抱怨他们的关系中缺乏浪漫，殊不知其自身乃至家人正在享受着这样的状态。

想象一下一起喝茶的状态，首先双方此刻都没有什么需要忙的事情；有一人摆好了茶具，有一人带来了新茶；之后大家一起等待水咕嘟咕嘟地滚起来。话题可能是从这包茶叶或这盏茶杯开始的，从生活的琐碎逐渐聊到对人生的感悟，时间过得飞快。当然，也不是说高年纪的人只能做“喝茶的朋友”，河合先生以哲学家田边元和作家野上弥生子的故事告诉读者：无论是夫妇或恋人，为了永久持续保持关系，必须以友情为支柱，而且背后还要有某种断念的构图。

在《心的栖止木》中，正如河合先生所说“无论如何还是会转到自己专业领域的心理治疗方法上”一样，先生透过人生万象自然而然捕捉着对心理治疗方法的养分。书中涉猎的场景从家庭、友情到社会，情绪感受从嫉妒、紧张、忍耐到感动、幸福，思考层面从人生、选择到死亡、宗教，关注群体从孩童、青春期、中年到老年，认知感悟从原则、自我、心到神等等，细细品味，受益颇多。先生一句“与其说东道西，不如以拥有不动摇的希望来对待人，才是我们心理治疗师的最大任务”令人叹服！而这一切，正反映着先生对人怀有多深厚多广博的爱和多么持久的专注力啊！

时光易逝，十载相思不相见。然而先生醍醐灌顶划过我生命的教诲仍不绝于耳、时时回响。有言，唯有梦想和爱不能辜负。十年里，对于河合先生在最后一次谋面时寄语箱庭疗法在中国发展“日日是好日”的祝福和祈愿，我也早已将之内化于心，外化于行。作为箱庭疗法在中国的引入者、推动发展者、一心践行者，我有幸亲身经历并见证了箱庭疗法在国内的生根、发芽、开花与结果。箱庭疗法（沙盘游戏）已遍布中国各个省市自治区有条件的学校和心理咨询机构，许多大学也开设了相关课程，有越来越多热爱箱庭疗法或沙盘游戏的心理咨询师、来访者、成长者得到箱庭世界的孕育和箱庭文化的滋养。先生若在，定会倍感欣慰，眯缝着眼睛脸上露出春风拂面般的笑容吧。

再次感谢湛庐文化对河合隼雄心灵四书的出版，也向付出辛劳的译者、编辑表达敬意。也感谢读者阅读这些文字并给我这样的机会表达对河合隼雄先生的感恩之心和思念之情。

是为序！

張日昇

2017 年 9 月 6 日于北京师范大学

河合隼雄：唤起内心最真实的自我

蔡朝阳
独立教师，图书策划人

知道河合隼雄的名字时，他已经去世了。而我则刚是一个四岁孩子的父亲。新手父亲，经常一筹莫展。就是这个时候，我遇见了河合隼雄的著作。

介绍我知道河合隼雄的两位朋友，一个是古典文学博士，一个是儿童心理咨询师。从我做父亲的时候开始，我看着孩子的成长，时有感悟，又有很多疑问。她们俩几乎在同一时间段，不约而同地向我推荐了河合隼雄。就这样，我知道了河合隼雄，并在此后七八年间，成为不折不扣的忠实粉丝。我集齐了河合隼雄每一本翻译成简体中文的书，用我在另一个文章里描写我读河合隼雄著作的话来说，叫做“堆而读之，不亦快哉”，现在看来，近年来，对我的儿童观、教育观，甚至自我认识、自我觉醒影响最大的，就属河合隼雄和欧文·亚隆了。

我读过每一本已经出了简体中文版的河合隼雄著述，尽管经常具体内容不记得，但这大概就是陶渊明所谓的“不求甚解”吧。我经常充满敬畏地想，某些书籍，以及某些人之间，恐怕真的是具有一种神秘的关联的。河合隼雄先生，斯人已殁，但我在这几年读他的著作，却从来没有觉得有所隔阂。就像一直都在进行精神的对话。要是没有河合隼雄，也许，我也会和很多焦虑的家长相去无几吧。而要找像我这样，如此深广地受到河合隼雄思想恩泽的人，恐怕也难以再找到更多吧。

我们确实有很多焦虑，不管是身为成年人，还是身为家长，焦虑总是难免的。但关键是，我们又该如何去理解，并且处理自己身上的这些焦虑呢？河合隼雄像洪水肆虐中的一条方舟，几乎是拯救性地捕获了我。读河合隼雄先生的书，不仅可以让自己静下来，可以让自己心境平和，甚至，简直有疗救的作用。或者就可以用河合隼雄自己的一个书名来形容：心的栖止木。对的，就是这样，一下子，我们浮躁而焦虑的心就有了安托的地方。

从村上春树到河合隼雄

作为一个读者，我读的第一本河合隼雄的书，就是《孩子的宇宙》。而且我的两个朋友不约而同推荐的，也是这一本。但很奇怪，当时我在几大网上书店搜索，都找不到这本书。幸好有万能的淘宝，我第一次买到这本书，买的是复印本。

通过这样的路径接近河合隼雄，可能跟我文艺青年的身份不符合。因为我发现有很多文艺青年居然知道有一个日本的大智者叫河合隼雄这个事实。原因很简单，因为这些文艺青年读村上春树，而村上曾经跟河合隼雄有一次著名的对话，结集成书，叫做《村上春树去见河合隼雄》。其实我也很喜欢村上春树，曾经写了很长的文，来讨论村上如何从纯粹的个人主义，走向普遍的人道主义。但有一点，我个人是确定的：在村上春树的这一转变中，这一次对话至关重要。很多喜欢村上春树的朋友，因为村上春树而买了这本书，却一不小心，遇见了河合隼雄这位像是浑身散发着佛光的微笑的智者，这是何等美妙的发现。

因为我父亲的身份，我一直在给孩子读绘本，于是，顺理成章地，我读到的第二本河合隼雄的著作，就是《绘本之力》。如我所料，与松居直的对话当中，河合隼雄仍能够见人所未见，一下子把话说到最关键的所在。比如他认为，绘本是适合所有人读的一种读物，并不单单只是给孩子的读物。而且，成年人从绘本当中所获得的那种营养，往往不会少于孩子们所获得的。这一点，在我人到中年的时候，感悟越来越深。如今，我的孩子已成为理性少年，不再读绘本了。可是，我这个因为孩子而读绘本的爸爸，却成了个绘本爸爸而不能自拔。在阅读绘本的过程中，我得到的远不止感动，甚至，得到了很多很多的疗愈。而这些，河合隼雄，他早已料见。就像他在《孩子的宇宙》中指出的那样，“我们就会明白儿童文学并不仅仅是针对孩子的，无论对于大人还是对于孩子而言，它都是有意义的文学”。

这些年中，我从初为人父，到成为一个各处自诩的“资深奶爸”，我最大的感慨不是一个阳光帅气的娃正在茁壮成长，而是，我在阅读河合隼雄的过程中，越来越看懂了自我。河合隼雄就是一位充满智慧的长者，他的洞见里有光，照亮我们身上那些曾经被自我所屏蔽的幽暗处，包括我们的善意、我们的无能，甚至我们自身的人性之黑暗，但是他始终微笑着面对你，并一直在鼓励你说，没关系，再来一次。

河合隼雄和欧文·亚隆，成为我当父亲，人近中年时的两道温暖的阳光，我沐浴在这两位智者的智慧光晕里，从而也获得了前所未有的力量。

儿童观的重塑

河合隼雄是专业的，但他没有门槛，就像界面友好的一个App，你轻而易举就进入了河合隼雄的世界。所以河合隼雄最大的特点就是如话家常，但是这些话语里，却有着基于常识而又高于常识的见解。这些见解当然来自他的理论素养，也来自他的临床观察。所以我们在读河合隼雄时，经常就会一拍大腿，叫到：正是如此。我也读过一点荣格，河合隼雄和荣格给我截然不同的感受。荣格也令人沉迷，而河合隼雄则令人明白。尤其是，河合隼雄的很多建议，是可以直接拿来用的，解决了很多为人父母者的燃眉之急。其中最有趣的是一本《实用教子秘诀48条》，真的很实用，比如其中有说，不要轻易给孩子买大蛋糕，我就觉得很有道理。即便物质丰富了，但对孩子最有益的经历，不是一个大蛋糕，可能是你跟孩子一起自助动手做一个蛋糕的经历。

我曾说，河合隼雄重塑了我的儿童观。这个话并不夸张。这之前蒙台梭利对我很有影响，蒙台梭利认为儿童有一颗有吸收力的心灵，儿童身上固有的原力，是可以被我们成年人所唤醒的。我们成年人之以所从事教育就是为了让孩子们内心深处的本性得到保全并得以顺其自然。

而河合隼雄，则更加亲切，甚至以更加轻盈的姿态，以不费吹灰之力的方式，介入了我的儿童观的重塑。在读《孩子的宇宙》这本书的时候，我们可以看到，全书没有任何一句说教，却处处打动你，处处有真知灼见。当时我一读到前言，如获知己，这样的话，河合隼雄一经说出，就唤起了我内心深处极大的共鸣。《孩子的宇宙》告诉我们，孩子的世界是一个独特的世界，而这个世界其实我们每个成年人都有过，只不过，我们成年以后就忘掉了这段时间。这是一种事实，按照弗洛伊德的说法叫做儿童遗忘期，是由于儿童的记忆与成熟的记忆形式之间存在机制上的差异。

正因为河合隼雄，我才明白，在漫长的童年时代，孩子们处在一个独特的宇宙当中，我们要对这个独特的宇宙有足够的了解、足够的敬畏，同时也要对孩子有足够的耐心，我们等着孩子的自我寻找与自我发现，这样，才会等到我常说的“原力觉醒”的到来。但最可怕的事情，就是成年人以自己有知的名义，去破坏孩子的童年了。这样的事情所在多有，尤其在我们中国，像清兵卫的父亲这样的成年人无处不在，不管是身为父母，还是身为老师；不管是在家庭当中，还是在学校教育当中，我们总是以各种各样的旗号，强迫孩子们按照成人的意志行事，破坏孩子的自主自足的世界。每念及此，我都想，我们这些家长和老师都应该去读一读河合隼雄这本《孩子的宇宙》。

对教育的崭新理解

很长一段时间里，我都是一个体制内的教师，然后呢，11 年前，又成为了一个男孩子的父亲。河合隼雄不但重建了我的儿童观，并且也在教育理念的层面，给我了巨大的教益。

河合隼雄有一本书，叫做《孩子与学校》。这本书里指出了很多日本教育现状中的弊病，我读了之后却发现，这些所谓的弊病，中国教育尤甚。所以，河合隼雄开出的处方是，要让教育更为宽松，为学生真正的幸福着想，家长和老师应该有更为多样的价值观，在学校靠分数，在社会上靠金钱，用这些数字整齐划一的地进行排名，是无法判断孩子们的价值的，而是应该用各种不同的尺度来衡量他们。这些见解，照理说，我们国内的教育学者也在一再强调。但是理念上却未必有河合隼雄所见的那么深。

河合隼雄在这本书里提到，作为“临床”的视角而探讨的内容，必须通过努力进行深化。学习很重要，游戏也很重要，这种简单的毕业并没有什么意义。要追问“游戏是什么”“游戏的本质是什么”，这才是我们必须采取的姿态。这段话与我的理解非常有契合处，或者说，河合隼雄给了我理论的依据，让我从哲学的深度去思考游戏里面究竟意味着什么。有一本书叫《游戏力》，认为游戏可以解决常见的行为问题，激发孩子内在的自信力，并重建父母与孩子间亲密沟通的桥梁。这本书比较注重实操，而河合隼雄则从心理动力的深处，给我们呈现了游戏所能给孩子带来的持续成长的可能性。

如今我走出体制在做自己的儿童营队，这些营队里面最重要的一个项目就是游戏。我内心里有一点隐秘的自负，这个自负来自我的理论依据，便来自河合隼雄先生，来自荷兰的赫伊哈津，来自法国的迦约瓦，以及美国的简·麦戈尼格尔。

最深的动力来自于自我认识

但河合隼雄带给我的最重要的东西却不在这里。诚然，河合隼雄让我重新发现儿童，河合隼雄让我有了崭新的角度反思教育，但是河合隼雄对于我而言，最重要的价值却在于，他让我更深切地看到了我自己，他带我进入了一个从未企及的世界，他让我前所未有地与我身上的那个纠缠许久的自我握手言和。这才是我最为感激河合隼雄的地方。

本来，我只是怀着寻找育儿秘方的目的去阅读河合隼雄，但却终于在河合隼雄先生的著作中，找到了自我。河合隼雄给了我一把钥匙，于是我打开了自我之门，这就是得鱼忘筌、得意忘言，河合隼雄先生就是把那金针度与人的智者。这样，我开始在中年的时候，重新思考人生的意义。或者说，我一直都在思考这个意义，有的时候百思不得其解，有的时候苦苦寻觅而不得。在过去的很多时间里，我都有一种空虚感，拣尽寒枝不肯栖，不断越过山丘，不断发现崭新的空虚。前文我说到焦虑，一则是育儿的焦虑，但更多的，何尝不是自我生命的寻求的焦虑呢？

这个时候，河合隼雄，非常坦率地让我们知道了我们每个人有不可企及之处，那么我们对自己的不可企及之处又该怎么处置呢？也许，最重要的只是，去看见。只要看见,就足够了。明白到这一点,那么我们就会在适当的时候,跟自己握手言和。

那么，这样的自我认识是怎么得到的呢？因为，河合隼雄带着我们去理解了儿童，从而也理解了我们这些成年人身上还存在的那个不肯长大的儿童。比如，我们经常看到孩子身上有很多的东西，与我们自身如出一辙，孩子就跟我们这些父母互为镜像。即是说，在家庭内部，我看到的孩子，他是一个被我塑造的孩子，而这个孩子同时也塑造了我。或者说，因为我观察到了孩子的成长，从而也看到了我的自我成长。比如，因为看到了我带给孩子的一些伤害，所以我也看到了我自己是如何在童年里受到这样的伤害的。于是，在这个育儿的旅程中，我就前所未有地、真切地、深刻地看到了我的自我。

看到自我,认识自我,生活在真实中,生活才更有动力。因为我清晰地知道我是如何来的,我也知道我要往何处去,于是在当下的生活中，就拥有了更为强大的力量，更为坚定的意志。这些认识，如果没有河合隼雄，我想我是一辈子都无法达到的，这是河合隼雄带给我的生命的觉解。

我很开心《心的栖止木》《大人的友情》再版，同时《心灵晴雨图》和《共鸣的灵魂》两书即将出版简体中文版。我分别用了两个上午便读完了，阅读的快感，就像又给了我很多心灵的营养。虽然因为河合隼雄的著作基本上都已读遍，所以这两本书里面的观点，大致已经有所了解，阅读的感觉也不再像以前初读时那么惊艳，但河合隼雄还是每一次都让我心生亲近。我仍是能从中获得教益。

比如，河合隼雄认为，其实幸福有各种各样，每个人都有每个人的幸福，他人的生活只是他人的生活，你不可能去取代他人的生活，他人也不可能来取代你的生活。那么，你的幸福就是在你的生活当中找到你自己的幸福，并且，你自己的幸福也是独特的，是他人不可企及的。而在家庭中，幸福也是随处可见的，尽管建设家庭这件事本身也是非常辛苦的，但是与经商不同，建设家庭不是付出劳动就能获得利益那么简单，人们在解决亲人之间的问题的过程当中，获得心灵的快乐和满足，这才是家庭的真谛。

这大概就是河合隼雄最有亲和力的地方吧，让你温暖，让你更好地去拥抱你自己，知道自己身上的局限，也知道自己身上的缺陷，然后看到你自己身上那些本来以为是隐藏着看不到的东西。关键是，这个看到的过程，他不是严厉的剖析，让你无处藏身，而是怜惜的，带着理解的同情，这样，我们就能够跟自己身上那一部分你自己所不愿意见到的自我握手言和。

河合隼雄の「幸福論」

前言

幸福

关于人的幸福，促我思考之处颇多。我的职业为心理治疗师，前来拜访的人皆在某种意义上处于不幸的状态。他们带着挣脱不幸、得到幸福的祈愿前来，又或者已陷入太过绝望的状态，顾不上思考幸福，却被人硬拖着前来。

会见他们，促使我思考所谓“幸福”到底是什么？生病的人认为健康的人幸福，没钱的人认为腰缠万贯的人幸福，或者也有人认为社会地位越高，幸福也会随之水涨船高。但是，果真如此吗？如果能像我这样有机会见到很多人，并听听他们的心声，便不会想得这么简单。要知道，还有的人说，都是因为腰缠万贯、位高权重才会变得不幸。

我在反复的思考中见了形形色色的人，甚至开始产生“幸福果真如此重要吗”的念头。总之，就算它非常重要，把幸福放在首位并为之打拼似乎也不妙。即便最终也许会得到幸福，修得正果，但如果从一开始便瞄准幸福，反而常常会偏离目标。“幸福”仿佛爱捉弄人一般，我们努力接近它，却偏偏总被它巧妙地溜掉。

关键问题在于，如何全力以赴地度过自己无以替代的人生，或许它才是幸福与否的迂回路径。亦或通常被称为幸福的事情不过尔尔，对自己而言，能否感觉到幸福才是问题所在。即使无钱、无名誉、无地位，一无所有，有的人也可以因为保持良好的心态而感到幸福。

确实如此。有的人会公然宣称自己“不要地位、名誉和金钱”，这当然让人感觉很高尚。尽管高尚是好事，但若太高声地声明，也会让周围人感觉不快。我认为，高尚之余若能再稍微安静一些就好了。这些地方正是“幸福”的有趣之处，有地位、有钱、有名誉并不见得是坏事。

因此，我认为从正面切入论及“幸福”，是无论如何都不可能讨论穷尽的。然而，当林宽子小姐邀请我以“幸福的眼镜”为题写一个系列轻松连载时，我竟忘记自己的繁忙而欣然接受了。

如前所述，我在工作时会关心“幸福”，只不过从正面切入讨论很困难。我和前来咨询的人讨论时发现，实在有太多的人选择了不幸的生活方式，还有的人让我不禁想劝他“不能再做得好一点吗”。尽管开始深入思考这个问题很困难，但也大可不必如此。正如稍稍改变一下眼镜的戴法就会看见不同的事物一样，稍微改变一下思维方式，有时幸福似乎就会来到身边。

我抱着这样的想法开始写连载，将自己的所见所闻、读书所感以轻松的方式直接或间接地与幸福关联在一起。请允许我在文中引用诸多书籍，在此对我的擅自引用致以歉意并表示衷心感谢。前面提到的林宽子小姐将读者的反应和自己的感想等一并转达给我并鼓励我。因此，虽然我并没有打算写得太长，却也写出了一本书大小的篇幅，至此，暂且结束连载并进行归纳整理。

这本书没有整体构思，读者朋友可随意选择喜欢的章节阅读。倘使其中有对读者朋友的幸福略尽绵薄之力的地方，我将十分荣幸。

虽是我的私人话题，依然希望就本书成书的原委略谈一二。前面提到的记者林宽子小姐和海鸣社负责本书编辑的和子小姐，其实都是我任职京都大学教育学院时教过的学生。本书因这样的机缘诞生，而我优秀的学生也成长起来，与我共同编写关于幸福的书，对我而言既幸福又难能可贵。

河合隼雄の「幸福論」

目 录

第三部分

人活在各种关系中 / 125

第一部分

戴上『幸福的眼镜』

幸福是什么

林宽于小姐告诉我“幸福的眼镜”这一题目时，因为标题非常棒，正中下怀，遂欣然接受撰写连载文章的要求。幸福于我而言是非常重要的题目。我从事心理治疗师的工作，甚至可以说前来造访的人都是些不幸的人，来是为了摆脱不幸，找到抵达幸福之路。

世上有人委实不幸，如早早与父母死别之人、遭遇不测之人、疑难病症缠身之人，甚至还有人反复遭遇此类事情：生活刚步入正轨，又有下一波不幸到来。也有人说，自己对这些不堪之事早已没了愤怒和叹息的心思。而且这并非完全是个人的责任，也会有人抱怨“我明明没做一点坏事……”因为总接触这样的人，难免会感觉到人是多么的生而不公。但我不想在这里谈论那样沉重的话题，还是讲点身边的故事吧。

有个高中男生已很久不去上学，虽然他本人认为不能不去上学，可是一到早晨便感觉双腿僵硬，走不了路。父母心急如焚却又无计可施。他不仅不去上学，还生活昼夜颠倒，大白天都在睡觉。父母忍无可忍，双双拜访专业咨询机构。

据这位父亲说，他从中学毕业后便不得不参加工作，历尽千辛万苦，总算开创出了自己的事业，干得还算马马虎虎。因此，他不想让儿子和自己同样辛苦，希望儿子能拿到大学文凭，所以从小学开始便给儿子请家教。自己如此为孩子着想，希望他不要受苦，得到幸福，可是孩子怎么就不懂得父母的一片苦心呢？偷懒不去上学也太胡闹了，父亲叹息。

听了这番话，我不由得思考，站在父亲的立场上祈盼是为了孩子的幸福，那果真是为了孩子的幸福吗？他说是“为了不让孩子受苦”，他自己中学毕业就开始工作确实辛苦，可是请来家庭教师，被人一厢情愿地逼迫着学习就不“辛苦”了吗？

当然，也许小时候受点苦是必要的，但对一个人而言，自己的意愿被忽视、他人的意愿被强加于己才是最大的痛苦吧？

听了这个故事后，我想到的是，这难道不就是别人费心费力给自己准备好幸福之路，而自己却非要费尽周折选择不幸的道路吗？如果这位父亲能在这种时候戴上“幸福的眼镜”看一看，也许会倒吸一口凉气：正是自己在花钱努力剥夺孩子真正的“幸福”。我认为，这个“幸福的眼镜”真是太实用了。

我们大人小时候的许多不幸来自“没有……”，如没有某件东西、想去上学却没能去，等等。因此可以说，我们一心以为“有东西”“有学历”是幸福，于是拼命去追求，也得到了许多，却也产生了新的疑问：这果真是真正的幸福吗？因此我想，我们不要站在简单的幸福观上，像刚才提到的那位父亲一样，希望孩子幸福却反而将孩子逼入不幸。而应该戴上“幸福的眼镜”，再一次重新观察事物。

心灵的从容

说起毛毛，无疑许多人会想到米切尔·恩德（Michael Ende）创作的儿童文学作品《毛毛》（*MoMo*）。据说这本书已经热销百万册，所以大概可以想见毛毛的粉丝已遍布日本各地。主人公少女毛毛非常美好，我想谁都会想见到那样的少女吧。这本文学作品已经被拍成电影，我去看过，扮演毛毛的女演员美目盼兮，给我留下了深刻印象。

不过我这次要谈论的不是《毛毛》一书，而是“老人毛毛”。话虽如此，我的主题却和恩德的《毛毛》重合，这个稍后再讲。

一天，我正心不在焉地看电视，是一个北非纪行的系列片，正播到卡斯巴。一说起卡斯巴，我们这些老年粉丝马上就会联想到电影《逃犯贝贝》的主演让·迦本（Jean Gabin），电视上确实出现了曾在电影里见到的错综复杂的街道，所以我是带着怀旧的心情在看。

当日本放送协会（简称 NHK）的人采访卡斯巴的人时，许多人都说：“你们去见见毛毛爷爷吧。”毛毛爷爷似乎素来德高望重，遇事便会帮人出谋划策。

摄影机又一次在错综复杂的小巷里移动，曲曲折折地找到了“毛毛爷爷”的家。见到应声出现的毛毛爷爷的笑脸，我也被迷住了，忍不住面露微笑。他们倒也并没有谈论什么了不起的话题，但只消看着毛毛爷爷的笑颜，便会感觉心情和煦。

即便有许多烦心事，只消看着毛毛爷爷的笑颜，也许谁都会想要停止争执吧。这个节目仅仅因为播放了毛毛爷爷的笑颜，便已经十分有价值。

说起 1920 年前后，当时“欧洲中心论”的话题依然活跃，瑞士心理分析学家荣格见到美洲印第安人后，非常感佩那些老人脸上安详的表情。然而，在欧洲却找不到一个神情如此威严、沉着又温煦的老人。据说，荣格认为仅从这一点上看，欧洲人就应该反省自己文化的缺陷。

话说毛毛爷爷笑容可掬地回答着问题，到了最后却突然严肃起来，说有几句逆耳良言想对日本人说：日本人过于拼命模仿欧美，会不会忘记了东方历史悠久的智慧？这便是他的主张。

也有很多日本人说过，不能忘记日本自古以来的优势，已经让人听得腻烦了，但经有着这样美好笑容的毛毛爷爷一说，我们也不得不陷入沉思。

如此说来，在海外碰到的日本人，包括我自己都行色匆匆、心急火燎，和毛毛爷爷的沉着相去甚远。我也即将迈入老年人的行列，如果可能，我希望自己成为有着毛毛爷爷那样笑容的老人，可是我该怎么做呢？

想来，《毛毛》的主人公“少女毛毛”也是如此，她会帮许多人出主意，仅仅是找她倾诉就已经让人感觉心情平静。少女毛毛和老人毛毛都很棒，似乎他们的共同点就是不被时间束缚。也许可以说，他们活在自然的时间里。

话虽如此，作为现代人的我们不可能对“时间”毫无概念地活着。如果不能遵守和他人约好的时间，也许便会被人当作一个无法独当一面的人。最终，我们只得被时间追赶着，也因此紧锁双眉，隐匿了笑颜。

也许现代人生存的艰难之处在于，既要遵守时间，又不想为之束缚、被其逼迫。或许对策之一便是采取巧妙利用时间的活法，偶尔“忘掉时间”或者“不拘泥于时间”。

我想，正因为有了这份心灵上的从容，毛毛爷爷才会有那样的笑容。也许只有找到巧妙利用时间的生存之道，现代人才有可能找回一点美好的笑容吧。

兄弟

读民间故事，常常会出现下面这种故事模式：兄弟三人，两个哥哥尝试做些事情失败了，最小的弟弟因脑筋愚钝被他们看不起，然而偏偏这个最小的弟弟成功了。为什么愚钝的小儿子会成功呢?

很久以前，我曾接受过一个学生的咨询。他是一流大学的学生，看上去就很聪明。他说自己已经很久不去上学，反复留级，甚至到了要退学的地步。他从小学开始就是优等生，父母百般重视。他因为喜欢学习，所以很努力，取得好成绩后不仅父母高兴，老师也夸赞，但他感觉自己总是在学习。

他的父母都没有文凭，孩子的表现总让他们很高兴，说有了这孩子，自己老了就安心了。而这孩子自己之前也觉得必须拼命用功，出人头地，等父母上了年纪，就像父母珍爱自己一样对他们好。

不过他有个弟弟，弟弟完全相反，讨厌学习，整天只知玩耍，成绩偏下。尽管如此，父母依然说“哥哥很靠谱”，感觉依靠哥哥就好，于是弟弟便在放任中长大。弟弟自由自在地成长，进了一所职业高中，毕业后很快就业。父母并不在乎弟弟去了哪里，只是一味担心哥哥的升学，而哥哥也不负厚望，高中毕业便成功考上一所一流大学。父母大喜过望，谁知入学没多久不幸就降临了。

他本人自然也是兴高采烈地入了学，却发现大学和想象的不一样，很没劲。高中时该学什么都有明确规定，学习成绩也通过模拟考试的分数被明确展示出来，这渐渐构成了他的自信。然而大学这种地方并不明示该做什么，也没有那么多的考试。同学们都去了自己喜欢的社团，开开心心，只有他一个人，除了学习之外没有其他兴趣爱好。

不久之后，一种莫名的不安渐渐袭来，那是一种脚步踉跄着跌入地狱般的不安。思来想去，他渐渐感觉虽然因为自己是优等生，开心地活着，但那都是老师和父母说的，自己仅仅是在迎合着他们生活罢了，根本没有一样可以称为“自己的东西”或者能够宣称“这就是我”的东西。如此一来，他完全丧失了自信，浑浑噩噩，开始不愿上学，甚至不知道自己究竟是活着还是死了。再后来，他的苦楚便是反反复复地留级。

可是他说弟弟却能独当一面，开始经商，而且一举成功，年纪轻轻便有了房子，和父母一起生活。讲到这里，他盯着我说：“老师，谁才是好孩子呢？父母总是说哥哥了不起，弟弟不行的啊。”

对于他的问题，我大概是这样回答的：如果考虑兄弟俩谁是好孩子，现在来看的话，是弟弟挣钱多，和父母一起生活。而哥哥只会花钱，每天什么都不做，所以弟弟“好”，而哥哥“不好”。可是如果这样定论，岂不和在兄弟俩小时候下定论时犯了同样的错误吗？父母仅仅根据成绩判断，认为哥哥“好”，而弟弟“不好”。

小时候，父母的注意力都集中在哥哥身上，也许对弟弟反而更好，使他得以自由自在地成长。而今哥哥游手好闲，或许恰好激起了弟弟的干劲。对这种事去想什么“好”与“不好”终是惘然，所以不要为之耿耿于怀。总之，也许唯一的办法就是找到适合自己的生活方式。故而，现在不慌不忙地消受人生，内心应该也会产生一些想法，根本没必要硬去模仿“好”弟弟。慢慢来吧。

关于“幸福”，各位从这两兄弟的故事中能想到些什么呢？

育儿

许多人因孩子的问题前来咨询。比如，孩子不去上学的家长会感叹，自家孩子为何会变成这样。仔细听下来，他们说只要孩子肯上学就好。以前虽然会对成绩说这说那，但现在不必那么用功了，只要肯去上学就万幸了。

虽然许多人都是这番说辞，但有时我会感觉那并非他们的肺腑之言。等孩子一旦开始上学，他们又会说“你的成绩……”想来这也是父母的良苦用心，或许可以称之为理所当然。所以，我不知是否可以对“只要去上学我就很满意了”这样的话信以为真。

其实不仅是在语言上，父母在实际行动中，有时也会放弃将自己的意愿强加于孩子的做法，或者放弃不现实的期待，自己能感觉到“孩子的心态”。当父母愿意如实接受孩子按照他自己的方式生活时，孩子也许就开始上学了。

暂不说这些前来咨询的人，在那些孩子没有被特别关注并出现问题的家庭里，父母们在“育儿”的问题上并没有感觉格外辛苦？或者说，他们在享受育儿这件事？但似乎又不是那么回事。有一项统计数据说，在被问到是否感觉“育儿”快乐这一问题时，感觉快乐的日本父母的数量远不及欧美。也许有人简单地认为这是因为女性开始工作的原因，但欧美的职业女性也有很多，她们并没有因为要工作，就认为育儿辛苦。

考虑到日本的特殊国情，会不会是因为“希望通过高明的育儿方式让孩子得到幸福”的愿望太迫切了呢？父母总觉得孩子这必须要做，那也必须要做，或者想为孩子做许多事情。然而事与愿违的是，父母因此会有强烈的罪恶感。

不仅如此，“想让孩子得到幸福”的父母考虑的并不是让孩子“走自己的路”，而是寄希望于孩子在社会中得到的评价，比如优异的成绩或者考上好的大学。这样的父母真的是为了孩子的幸福吗，还是为了自己的幸福呢？我不明白他们育儿是为了什么。

都说日本人擅长区分使用“场面话”和“真心话”。育儿的场面话似乎是“无论什么样的孩子，只要好好培养都会有出息”。那么，真心话又是什么呢？

在日本，当“场面话”大行其道时，一旦不小心说出“真心话”，人们便会群起攻之，所以也没必要大声说出真心话。但在自己家中，育儿方面的场面话和真心话又该如何取得平衡呢？至少，我们还不至于失去思考这个问题的从容不迫。否则，“育儿”将成为父母过重的负担，作为父母的快乐或许渐渐也会消失吧？

也许关于育儿的真心话渐渐式微的原因之一在于，大家庭越来越少，所以很少从长辈那里听到育儿方面的真心话吧。年轻的父母总是将自己的育儿方法对照着场面话去思考，于是担心和烦恼便多了起来。

听到真心话，父母不会恍然大悟，认为“哎呀，原来是这么回事啊”。而且因为经济上也慢慢富裕，如果想按照场面话去做，可能性也很大。但如果没有钱和时间，便不会那么关注孩子，或许一切就会按照自然法则顺利进行了。

话虽如此，但我们不可能回到从前，而且从前也有许多痛苦。所以对生活在现代的我们而言，或许不拘泥于场面话而去关注孩子生而为人的姿态更加重要，因为孩子希望以适合自己的方式生活。看清楚这一点，育儿也许就会变得更加快乐了吧？

心灵的共振

“信息社会”这个词最近经常被提到。电视、报纸、杂志，还有CD等新技术被引入，现代社会中大量信息蜂拥而至。可以这么说，如何迅速并大量地把握其中正确的部分，事关一个人的幸福。

确实有时会因为信息量不足或误信错误信息而造成损失，因此，许多人会费尽周折追求能快速且大量获得信息的便利渠道。然而，仅仅这样就可以了吗？除了信息之外，对人类而言就没有其他重要的东西了吗？

最近，在一次学术会议上，我和作家井上靖先生同席。井上先生谈起戏剧，说自己最近正致力于戏剧创作。来剧场观剧的人形形色色，每个人的职业、年龄和人生经验各有不同，有些人到了剧场之后还会为来得太早或太晚而争吵。然而等到演出开始并获得成功时，整个剧场便会产生一种“不可思议的一体感”。

观众融为一体，体味着剧中的悲欢。他们感情的波动触及舞台，演员们也因此受到感染，展现出排练时不会有的绝佳演技，而这又再次唤起观众的感动。就这样，在剧场内的人群中产生了一种仿佛心灵共振的东西。

借用井上先生一句话：“这些人在这里汇聚一堂，可能一生之中不会再有第二次了吧？这群人一生中只有这一次汇聚在一起的机会。”他们融为一体，体验着共同的波动。

演出结束后，无人立即离去。他们会彼此交换温柔的眼神，然后安静地离开。井上先生说，正是这种时刻让他感觉戏剧演出妙极了。

井上先生的这番话让参加学术会议的听众们也颇为感动，他们从中感受到了“一体感”，所以井上先生话音落地，便自然而然地响起了掌声。我也被深深地打动了，心想：“仅仅听到这番话，已是不枉此行。”

可是从信息传达的角度来讲，我从井上先生那里获得什么信息了呢？听众们都很高兴，然而他们是因为从井上先生的话中获得什么新信息了吗？他们并未从井上先生的话中获得关于戏剧的宝贵见解，并能够在之后的日子里向他人兜售。我们从井上先生那里得到的不是知识，而是心灵的感动。井上先生讲的是戏剧，然而我思考的却不是戏剧，而是关于自己的专业心理疗法的种种，心里想的是："太好了，我也要这么做！"

也就是说，井上先生的话诱发了我心中的"感动"，而且听着听着心里便莫名快乐起来。正是这种快乐被传递了过来，而非事实被传递了。

当我们从别人那里接收信息的时候，正如我开始所述，是不是过于局限于正确、快速、大量这些因素了呢？听了井上先生的话并且"正确"记忆了他的话，并没有什么意义。

正如我边谈论戏剧话题边思考心理疗法一样，听众们是否在选择各自的接受方式，一边体验着自己的"心灵感动"一边感慨着"太好了，我也要这样做"呢？一个话题并非总是呈现出原来面貌，而是会产生多种结果，这才有意思。

这样想来，又促使我反省当下的教育制度，我们是否也过于注重正确、快速、大量地传递信息了呢？

比如“记住这样的方法，考试时便会受益”；“学会这样的知识，就可以和别的孩子拉开距离”。我们一味地这样开展教育，人虽然活着，真正宝贵的“我要做”的心灵感动是否被冰封了呢？

而且老师们是否也在信息的追逼中，忘记了和孩子们一起体验心灵感动的美好呢？

说声“谢谢”

做好事时，如果有人对自己说“谢谢”，我们就会很开心。倒也并非想让人感谢才去做，但如果对方毫无反应，便会沮丧泄气。不过，如果换作自己的家人又会怎样呢？亲子之间会在怎样的程度上说感谢的话呢？

很久以前曾经发生过这样一件事。我给一个惹了许多麻烦的大学生做心理辅导，见过几次面之后，那个学生回家了两三天，不久他的父亲打来电话，对我说：“听说老师您对他照顾极了，请问您给我儿子做了什么样的指导？”我还以为是什么事呢，原来是这个父亲发现儿子的态度突然发生了很大改变。儿子以前回家时只会打个电话通知老爸几点到车站。等父亲开车去接时，给儿子把行李堆放好，儿子就默不作声地坐上车，然后回家。以前都是这种模式，现在却骤然改变了。

父亲开车到了车站接到了儿子，儿子说：“谢谢老爸。”刚想给他拿行李，儿子又说：“这个我自己来吧。”等坐上车，还说：“老爸，你辛苦了。”父亲大为吃惊，赶紧给我打来电话。因为他想知道“老师是怎样让我家孩子有了教养”。

其实我根本没做什么指导，只是认真倾听那个学生的诉说罢了。儿子的话题从“没有比我爸再顽固的人了”开始，罗列了爸爸一大堆缺点攻击他，最后甚至断言“他那样的爸爸还不如没有”。我重复了他说的话“还不如没有父亲”，他听后沉默良久，最终小声说道：“不过我的学费和生活费全都是我爸给的。”而后他陷入了长时间的沉思。

大概就是在这样的谈话过程中，儿子一点一滴看清了父亲的形象吧？他本认为父亲和自己几乎等于一体，父亲给自己做的所有事情都理所应当。但在罗列父亲缺点的过程中，他逐渐和父亲拉开了适当的距离，从这个角度看父亲，他逐渐看到了作为个体的父亲的形象。

当从个人与个人的关系看待时，虽然是父亲开车来接儿子，儿子也理所当然要说“谢谢”。我根本没有指导他，也没有说教，而是给他提供随心所欲地讲话和自由思考的机会，用这种办法使得他珍惜自己内心产生的感动，仅此而已。

亲人之间言谢有时也会感觉“生分”，比如三岁的小孩子动不动就对妈妈说“谢谢”，这可能会让人感觉怪怪的吧。也就是说，两者之间的依赖感越强，就越没有必要言谢。但是等孩子慢慢自立，就会开始产生个人对个人的礼节并开始言谢。

如此想来，再看看欧美人的礼仪规范，会发现他们从比日本人年龄小很多的时候，便开始被教导适当道谢了。我想可能是因为西方社会非常重视自立才会如此。四五岁的孩子会对父母道谢，必要的时候父母也会对孩子说谢谢。

有些日本孩子误解了自立的意义，觉得自己不再需要父母照顾了（其实还是受照顾的），便不再道谢。与其说这是自立，不如说是过分娇惯了，在欧美人看来可能会有种奇异感。适当道谢这件事或许可以看作一个人是否自立的标志。话说，如果日本一味模仿欧美将一事无成，那么应该从几岁开始教导孩子对父母道谢呢？或许这件事会出人意料地复杂吧。

常识

前几天我和建筑家安藤忠雄进行了对谈。我想许多人都知道安藤先生，他是一位极具创造力的建筑家，在国际上享有盛誉。

正因为他是通过自学掌握建筑学的，所以才能在设计上打破建筑界的常识，作品常常让人目瞪口呆，叹为观止。当日本人视毕业于一流大学、就职于一流企业为最理想出路时，我却从很早以前就一心希望能遇见一个选择走自己的路并获得成功的人。

言归正传，对谈如期待的一样有趣，其中印象最深刻的一件事就是安藤先生说：“没有常识的人不中用啊。”我情不自禁地想：“像安藤先生这么有创造力的人怎么会这样认为？”随着对谈的继续，我很快明白了安藤先生的真意。

现如今，“创造性”越来越受到重视，所以有人误以为不按常理出牌便是独创性。这样的人除了会给周围人带来不便之外，一无是处。相比之下，只有在生活中好好把握常识，然后超越它并做出成果，才能真正做到独创性。

我听闻此言，心生感佩，认为诚如斯言。似乎听众中也有许多人这样认为，随着对谈的进行，很快便谈到了这个话题。安藤先生说，所谓常识，应该不只作为知识被了解，而是必须成为“自身的东西”，因此孩童时期开始的教育非常重要。

我对此也心悦诚服，但年轻妈妈们却提出：“话虽如此，但现在的父母会不会对教小孩子常识感到困惑或者缺乏自信呢？”

本来就不知常识为何物，况且现在认为是常识，而过后不久便不再是常识的事情不是有很多吗？世界日新月异，如果教会了孩子父母心中的常识，会不会反而会让孩子困惑呢？

这一点非常重要。我也思索良久，大致提出了以下看法。

比如我小的时候，坐加急特快列车从大阪到东京需要8个小时是常识，可如今完全不同了。再或者，我被教育必须珍惜纸张，所以不要把反面是白纸的纸扔掉，而是收好继续使用，这是常识。如今这个也发生了很大的变化。

父母教我的许多常识而今已不再适用，那么我会因此看不起父母、憎恨他们吗？绝对不会。

常识毕竟是常识，不是“绝对真理”，也不是“上帝的命令”。掌握常识地生活和被常识束缚是两回事。如果被常识牢牢束缚，一旦常识变化，可能就会很麻烦，而且也有可能失去创造性。

然而，始终把常识作为常识掌握的人，也许会把它视为一种护身符，以防自己在生活中给他人造成不必要的伤害，且又能应对新的变化。

如此想来，如今的父母也不必为把自己的常识告诉孩子这件事而踌躇，尽管带着自信告诉即可。

莫如说问题在于，常识并不是能够强加于孩子或者硬教给孩子的东西，而是需要言传身教的。所以，父母花在这上面的时间是不是太少了呢？

话虽如此，过去的父母也并非有大把的时间和孩子共同生活。总之，父母不必在告诉孩子常识一事上感到不安或失去自信，问题或许在于，和孩子接触的时间有多少。

这并非是让孩子照搬父母的常识去生活，而是要教给他们即便常识的具体内容发生变化，也依然能够掌握常识的生活方式。我思索良久，想告诉现在的父母们要拿出自信，但或许他们会对我说，这事儿“是常识嘛”。

人的后半生

瑞士心理分析学家荣格主张，应该将人生分为前半段和后半段来思考。

在人的前半生里，要找到适合自己的职业并为之打拼，找到结婚对象共同构筑家庭。这样就能构筑社会地位、积累财产，还能养育孩子，牢固奠定在这个世上生活下去的根基。可是到了后半生，却要直面这样一些深刻的问题：这样子活着的自己会怎样迎接死亡呢？作为总会死去的人，自己活着的“意义”是什么？

到了后半生也和前半生一样只考虑财产、地位之类的问题，等迎来衰老、死亡时，便会背负极大的困扰。

荣格所言极是，我们必须把这件事认真放在心上。话虽如此，但也未必人人都要依荣格所言，人各不相同不也挺有趣的吗？

梅原猛的《中世小说集》一书里有许多令人深思的故事。其中有个短篇是《跑腿尼》。一个年纪不到 40 岁的和尚跟随师父进行一种叫“落日观”的冥想修行，通过专心冥想日沉西山的景象，洗净了全部烦恼。师父甚至对他说：“你一定会去极乐净土的。”

师父给他取名叫“落日秋风坊”，让他独自幽居。他一心希望安静地去往净土，渐渐开始节食，一心静待死亡。可是就在这样安静的日子里，有个尼姑打扮的女人突然前来避雨。她对落日秋风坊远离世俗的生活感到吃惊。按照她的想法，年轻的僧人在这里寂寞生活也许是因为被女人欺骗 。她以做小买卖为生，为赚钱奔忙，无法理解落日秋风坊一心祈望来世的心情。

对落日秋风坊而言，老尼无非是对他修行的打扰。而老尼却在其后的日子里时常造访并高声独语，有时也会给他放下食物后便回去。不久，落日秋风坊便在不觉间被老尼吸引，暗暗盼着她前来。关于修行僧的这段心理变化，原作精彩绝伦的描述我就不再赘述了。

仿佛洞穿了和尚的心理变化，老尼提出让他娶“潦倒官员朋友家的女儿”为妻。听着老尼关于那家女儿美丽又孝顺的宣传，僧人终于下定决心结婚。因为要结婚，他听从了老尼的劝告，动用了准备葬礼的储蓄，修葺了房子，还买了上好的被子。

话说当天入夜，婚礼在黑暗里结束。等朝阳照进屋子，和尚发现半夜前来的“姑娘”竟是那老尼。老尼兴高采烈地说：“我就是你的老婆……哈哈哈哈哈……”据说因为她常为大家跑腿，所以被称为“跑腿尼”。这篇小说以“我想，他心里多少已经发现跑腿尼介绍的姑娘其实就是跑腿尼自己”而结束。

在前半生便获得了荣格所说的后半生的成就的落日秋风坊，到了后半生意外地完成了前半生的工作。这样想来，这个故事确实意味深长。

人的生活方式各不相同，很难一言以蔽之。似乎还是不要拿心理学家说的话“套用”自己的人生，而是用来“参考”并思考即可。思索一下落日秋风坊将如何度过后半生也是挺有趣的。

幸福无法计算

人为追求幸福而百般努力。不过，如果要认真思考幸福是什么，会觉得很复杂。我们暂且放弃复杂的思考，就以通常意义上的幸福为对象好了。

比如在休息日，有人在家睡懒觉，也有人出去钓鱼，还有的人会去看职业棒球赛或者职业足球联赛，再或者也有人通宵打麻将。对以上这些事都不感兴趣的人难免会困惑，为什么这些人会把时间和金钱花在那种事上？总而言之，自然是因为本身喜欢才会去做。做喜欢的事情会快乐，这关乎幸福。无论别人怎么看，都不必理睬。

在我单身时，很喜欢古典音乐。虽然在当时看来相当奢侈，但我还是毅然决然去听了一场音乐会。直到现在我依然记忆犹新，那是指挥家马蒂农（Jean Martinon）[①]指挥的交响乐团，演奏的是柏辽兹（Hector Louis Berlioz）[②]的《幻想交响曲》。我当时狠狠心花了800日元这样一大笔钱去听了，因为是著名的演奏，我完全被感动了。演奏会结束后要吃饭，便花了10日元吃了碗炸豆腐乌冬面。当时的我认为，在吃饭上花钱很愚蠢，所以会采取那样的花钱方式。

因为肚子饿了，觉得炸豆腐乌冬面很香。环顾四周，每个人都在津津有味地吃面，脸上看上去洋溢着幸福感。我突然怀疑，自己听交响乐时的幸福感是否多到可以匹敌这些人现在品味乌冬面的幸福感的80倍。我总感觉把钱花在吃饭上的人低级，花在艺术上似乎才高级。但是这样一想，我便不由觉得自己为了得到至多数倍于这些人的幸福感而花了80倍的钱似乎傻得可以。

我也开始感觉花800日元听音乐似乎不合乎身份。我当时是名高中数学老师，所有事情都喜欢合乎逻辑、合理地思考。这种时候也会用自己的快乐除以自己花的金钱，认为数值越高得到的幸福性价比也就越高。富兰克林在自传中写到，自己小时候十分渴望买支笛子，狠心用零花钱买了回来，后来却发现买得太贵，后悔不已。我读了这个

①法国指挥家，1910年生于法国里昂，一生以指挥家、作曲家和小提琴家的身份活跃在国际乐坛上。
——译者注

②法国浪漫派作曲家，代表作有《幻想交响曲》等。
——译者注

故事后颇以为然，或许这件事也影响到了我。如果认为某件事“幸福”，便会义无反顾地扑上去，就会做出低性价比的事。

不过这种性价比计算不仅仅在钱的方面，还必须加入自己花费的时间和劳动。这样一核对，会发现自己因扑向不合算的事情而招致的失败还真不少。

大体来看，这似乎是理所当然的想法，但如果为之束缚，便会出现问题。难道听音乐的快乐能够和吃面的快乐相提并论吗？

考虑哪件事的快乐数倍于其他事大概也颇为有趣，可是一旦这样去想，人感受到的快乐和幸福便会平板化。况且被“性价比”所束缚的生活本身就剥夺了人心灵的从容，而且有可能为追求高性价比的生活所累。儿童文学《毛毛》里精彩地描写了人们因太想节约时间而被死板的生活方式追逼无路的情形。

如果感觉某种快乐和幸福是“无以替代”的，也就可以说它是“无限大”的，这样一来，花在那上面的钱和时间无论多么庞大，刚才所说的性价比计算或许也就都不是问题了吧。

这样想来，我最开始讲到的性价比计算也就变得没有意义了。不过，即便是一时感觉“无以替代”的事，有时在之后想一下也会觉得没什么了不起，所以，以性价比这样冷静的方式来看待或许还是有必要的吧。

仪式

说到“仪式”，你会有什么感想呢？有种表达方式叫“仪式化”，乍听似乎不是什么好词，总让人觉得拘泥于形式、不能兼顾内容。但也有人认为即便如此，“仪式”依然重要。也有的人认为“仪式”无聊透顶。

若讨论美国人是否喜欢仪式，大家有什么样的印象呢？

提起美国人，我想许多人会抱有“不拘泥于仪式”、干脆直接的印象。在日本人看似会拘泥于形式的事情上，他们会采取干脆利落的做法，仿佛美国人天生便不能接受这种不合理的繁文缛节。然而，我最近参加在美国举办的一场国际学术会议时，作为主办方的美国人却提出举行

“结束仪式”，这引起了我的好奇，心想他们要做什么呢？

“结束仪式”很简单，总共 15 分钟左右。但是令我吃惊的是，他们照搬了美国印第安人的仪式，即不仅向天父神祈祷，还对地母神进行祈祷。这个学会名为“国际箱庭疗法学会”，关乎人的心灵疗愈。在美国，这种东西大概也可以称得上别具一格了。话虽如此，在美国举行这种仪式，依然令我深切地感受到了时代的变化。

人为什么要举行仪式呢？想来甚至可以说，没有比这个更徒劳无功的了吧。提到最重视仪式的人，大概会让人想到未开化社会里的人吧。他们没有仪式就不能生活。近代研究者通过观察曾认为，他们做的事情十分愚昧，但若认真思考，便会明白其中大有深意。

比如人会死亡，曾真实存在的东西突然归于无，而且自己终究也会如此。那么，人到底来自何方、去向何处呢？此刻为何会生活在这里？科学无法为这些本源性问题提供答案。那么，要想安心地送走死去的人、自己继续活下去，又该怎么做呢？

亲朋好友齐聚一堂，希望今后大家也要齐心协力地生活下去，但实际上却不得不分别独自生活。在这样的时刻，要想不寂寞、带着崭新的希望和能量各自回归本位，应该怎么做呢？光说一句“加油吧”恐怕不够吧。

人既是合理的存在，也是不合理的存在。为了把这两者联系起来，作为一个整体活下去，人就会需要仪式。从远古时代起，在这方面有才能的人创造了仪式，经过长期的洗练，仪式渐渐形成固定模式。人类通过这种仪式得以忍耐不可理解的命运的力量，获得新生的勇气。在这一点上，近代人可以从未开化的人类祖先那里学习许多东西。

不过，没有比“形式化的仪式”更无意义的东西了。只剩下形式，本该起作用的神秘力量失去作用，我开头也写到“仪式无聊透顶”，原因就在于此。仪式的可怕之处在于容易形式化。人们知道了这些仪式没有意义，便开始思考之前不可理解的命运，比如疾病、天象异变等。后来找到了科学的对策，所以越到近代，人类越排斥仪式。

如此便产生了美国人不拘泥于仪式的合理印象，但就像我描述的那样，他们最近也在改变。他们甚至借助于自己误以为曾“征服了”的美国印第安人的仪式，希求仪式的复活。想到这些，反省一下对自己而言有多少“活着的仪式”，对获得幸福至关重要。

共享的愉悦

我喜欢儿童读物，读得比较多。最近在读的绘本里有一本很精彩，所以决定介绍给大家，是丹尼尔·平克华特（Daniel Manus Pinkwater）[①]著、谷川俊太郎译的绘本《涂鸦笛子》（*Doodle Flute*）。其实绘本正因为有插图才有趣，我在这里只能讲讲梗概。

一个名叫凯文·斯波尔的少年过着极好的生活，拥有“极好的父母、极好的家、自己的房间和浴室”，而且电视、摄像机、音响、电脑之类应有尽有。他的物品全是名牌，凯文·斯波尔的父母也说他是个“幸运的孩子”。

一天，凯文·斯波尔坐在围墙上，一个名叫麦松·民兹的“古怪”孩子走了过来。麦松招呼他说：“嗨，凯文。”

①美国儿童文学作家，著有《橘色奇迹》等作品。——译者注

凯文跟平时一样，答了一声“嗨”，麦松却又应声说：“‘发’这个音听起来很优美呢。”

麦松从后裤兜里拿出一支奇怪的笛子，说它是“涂鸦笛子”。凯文心想真是其貌不扬，可是麦松却用笛子吹出了凯文迄今闻所未闻的美妙音乐。凯文说：“我也好想要一支呢。”麦松却说这是支古老的笛子，是他爸爸送的，拒绝了凯文。然后吹着笛子便离开了。

凯文提出用自己的音响交换涂鸦笛子，麦松没有答应。他又说用自己“全部的东西”换，还是不行。麦松说“我并不想要你那些东西”，然后吹着笛子回家了。这可不得了了，凯文缠着爸爸妈妈要“涂鸦笛子”，爸爸妈妈来到乐器店，给他看了所有的乐器，凯文还是不答应。

凯文不得已和麦松商量。他提出，既然怎么都不肯交换，那就“白送给我吧”。麦松答应了，轻松地把涂鸦笛子递了过去。凯文很惊讶，不可思议地说：“我真搞不懂呢。”麦松却说：“我就是这么个人。”然后回家了。

可是凯文却吹不好这笛子。他向麦松求教，麦松却说，这已不是自己的笛子，所以不能再吹，“对不起，我就是这么个人。”

凯文费了一番脑筋，问:“要是你也有支涂鸦笛子，而我也有一支,那你会教我吗？”麦松答应说:“嗯。”于是，他们俩共享了这支涂鸦笛子，两人坐在田野里，麦松教凯文吹笛子。

最后一个画面是两人其乐融融地坐在一起，快乐的笛声从他们身边飞向天空。

如果由这个绘本里的内容去探讨“真正的幸福”或者“人需要什么”，未免画蛇添足。看这个绘本的过程就能使人心情愉悦，这就足够了。

只有一点让我耿耿于怀,就是“涂鸦笛子”这个名字。英文书名是“Doodle Flute”，“doodle”虽译为“涂鸦”，却是指随手无意义地乱写乱画。

而且说到“flute”，人们会不会联想到长的横笛呢？但绘本中画的是支很好玩的短竖笛。想到这些，我想或许取名为“任性的笛子”更为传神吧。

凯文从麦松那里要来笛子，当成自己的东西了，任性地吹起来却吹不好。而凯文和麦松共享了这支笛子，这才吹好，所以，说到随心所欲，不如说是笛子随心所欲吧？

麦松很了解这一点。

因为主人公聆听笛子的心情，我想是不是也可以叫作“聆听笛子”呢？但这样好像又很奇怪。就这样，思索笛子的名字也带给我许多快乐。大家也一起来想个好名字吧。

享受命运

日本人总被人指责说太勤劳。太勤劳或许也不好办，但是“懒惰”不也一样麻烦吗？《格林童话》里有个故事叫《懒惰的汉兹》，内容很有趣，我来简单讲一下吧。

单身汉汉兹很懒惰，工作只是每天把自己的山羊赶到牧场里，别的什么也不做。而就连这样的工作他也觉得麻烦极了。他想，要是连山羊也没有该多好，那样平时只消睡睡觉就行，现在真麻烦。于是他开始想办法，思来想去，他终于想到了一个主意。附近有个叫特丽娜的姑娘也有一头山羊，如果和她结了婚，她就能顺带把自己的山羊一起赶去牧场了。于是，他赶紧去向特丽娜的父母提亲，成功地和特丽娜结了婚。

特丽娜赶着两头山羊上山了，汉兹很高兴。谁知特丽娜的懒惰并不输于汉兹，也嫌每天放羊麻烦，便向汉兹提议，拿山羊换蜜蜂，因为蜜蜂不用看管，更方便。汉兹对此很是佩服，就按照特丽娜所说，去邻居家用山羊换了箱蜜蜂。

到了秋天，汉兹夫妇收获了满满一壶蜂蜜。他们高兴极了，把蜂蜜放到了架子上。特丽娜睡觉时在床边放了一根结实的木棍，防止万一有人或者老鼠来偷蜂蜜时赶他们走。

汉兹担心特丽娜一个人把蜂蜜都吃掉，便提议不如把蜂蜜卖了买鹅。特丽娜讨厌自己又要放鹅，就说等生了孩子、孩子能放鹅时再买。汉兹反驳说，现在的孩子不听父母的话（有意思的是，当时就有“现在的孩子……”这样的感叹）。特丽娜来了劲，说要是孩子不听父母的话就这么做，她挥舞着木棍装作打孩子，却把宝贝蜂蜜壶打落了。

看见蜂蜜淌到地板上，汉兹却说：“真是幸运，壶没掉到我头上。真是不得不让人惊叹凡事都要靠运气呀！”他看到瓦片里还有一点蜂蜜，高兴地对特丽娜说：“咱俩把这残余的吃了吧，而且咱俩又受到了惊吓，慢慢休息一阵子吧。”“那是当然，”特丽娜也很欢喜地说道，“有人请蜗牛参加婚礼，可是它走得太慢了。等它到了，对方孩子都生出来了，正在举行洗礼，蜗牛却从篱笆墙上滚了下来，说了句：‘瞧瞧，着急就会出差错。’”说完，他俩慢慢吃掉了蜂蜜。

读到这里，我只能说：“妙极了！”懒到这个份儿上也值得尊敬，也可以说这对夫妻建立了一个幸福快乐的家庭。话虽如此，但如果我们要想像汉兹那样生活却很困难。况且就算我们有这个打算，也不知能否找得到像特丽娜那样“棒极了”的妻子。

这个故事的核心观点在于享受命运。壶摔碎的时候，汉兹的话就表达了这一点。对待命运，是与之抗争还是接受呢？这个问题太难了。也许有人坚持认为，如果一味顺从命运，人类就不会进步提升。或许也有人说，如果对待命运没有享受它的心情，人就无法得到幸福。我无法判断哪种想法更为正确。

说得干脆点，通常认为西方人与命运进行斗争的态度比东方人更顽强。但有意思的是，西方的老故事里竟然有这样的篇章。老故事里蕴含着民众的智慧，或许也可以理解为，为了补偿表面上的坚强，民间才会流传这样的故事。

别再逃避

形形色色的人带着形形色色的烦恼来找我咨询。偶尔也会有带有神经质症状的人，他们通常症状明确。

比如担心自己出现在众人面前会不会脸红，因此总是心慌意乱，无所适从。虽然努力想着“脸红也无所谓”，或者实际上自己不怎么会脸红，但还是不行。

我认真倾听这些人的话，发现他们一开始或许会叹息自己的脸红恐惧症，思考有无解决办法，但很快谈话内容就变了。

慢慢地，他们会谈到自己的同事中有个讨厌的家伙，那人喜欢迅速将自己的意见强加给别人。说到这里，他们还会说：“他喜欢自然会这样做，我怎样倒是无所谓，不过……”诚然，没必要对别人的所作所为吹毛求疵、指手画脚，“别人是别人，我是我”，所以无论别人做什么，自己都“无所谓”。

一次，有对快 60 岁的夫妇来找我咨询。他们咨询的问题是其他事情，却屡屡谈及自己儿子的恋爱，这对父母对儿子的恋爱对象怎么都不满意，甚至可以说他们想表达的是“绝对反对”，但接下来他们却说：“现在是民主社会，我们怎样倒是无所谓，不过……”

我听着那话，心想：“这句台词倒是经常出现。”确实，没有必要把别人的所作所为全都放在心上，可是“我怎样倒是无所谓，不过……”这句话最后的“不过……”时而还是会让人感觉难以释怀。也有的人会在一小时的面谈中数次重复这句话。

总而言之，其实不是真的“怎样都无所谓”。相反，正是因为难以释怀才想说出来。

嘴里说着“我怎样都无所谓”，想以此打住话题，但一种无论如何都不能到此打住的心情在起作用。既然自己内心有这样的诉求，那就不要硬让话题打住，不如以此作为起点，不要说什么“怎么样都无所谓”，而是主动介入会怎么样呢？

我对口称“民主社会”的人说：“所谓民主，不就是孩子可以做自己想做的事，父母也一样要说自己想说的话吗？”父母正确还是孩子正确另当别论，总之只有互相沟通，才会产生有意义的结论吧。

说着对将自己的意见强加于人“无所谓”的那位，要是承认自己其实心里介意极了这一事实，思考一下为什么会这样，慢慢就会发现原以为自己太老实，总是不能表达自己的意见，其实却是“也许自己也出人意料地有那样的倾向”“会不会是太把‘不能强加于人’当回事了，所以才适得其反？”

这是非常好的事情。而且如果能逐渐发现这一问题，脸红恐惧这一点也将会得到克服。

可是人为什么会刻意说出“我怎样倒是无所谓，不过……”呢？这会不会是因为人的如下心理在作怪呢？如果思考一下对自己重要的事情，就会像刚才的例子那样，必须做的“工作”就是去发现自己原先没有注意到的侧面，所以人就会尽量不去浪费精力，说得极端一点，也就是趋向逃避。

其次可以认为，一旦考虑不周，父母干预了孩子的恋爱，或者与自己不喜欢的同事扯到一起，就可能招致极具破坏性的危险后果。因此为了避险，才会情不自禁地说出那样的话。

刻意想说“我怎样倒是无所谓，不过……”的时候，也许只有经过慎重考虑，认为有必要参与，并且不吝啬必需的精力，这样才能得到有意义的结果吧。

真实的才是重要的

因为恐惧艾滋病，所以社会最近骤然强调对孩子进行性教育的必要性。考虑到艾滋病的特性，有人可能会认为告诉孩子有关性方面的事实也是迫不得已。但我们也必须认识到，性在孩子的教育里十分重要。

总之不应简单地认为，通过教给孩子性方面的生理事实，就能够实现对孩子的“性教育”。性对人类而言并非单纯的生理问题，它与人的心理问题关系深邃，与人类的存在息息相关。

林宽子在《诞下孩儿》一书中谈到妊娠、生产、育儿对于女性非常重要。她坦率地讲述了自己的体验，同时也谈了自己的思考。这本书使我受益良多。关于如何接受“妊娠”这一实感，作者在书中做了如下描述：

> 明明在自己体内，却不属于自己，那种感觉类似于偶然让自己保管一个上天降临的生命，感恩而充实。这常常让我思考妊娠的真实性，“白鹭送来孩子”这样的解释比“我的卵子与丈夫的精子结合……”之类科学事实于我更为贴切。

在这里，作者区分使用了“事实”与“真实”这两个词语，将“科学的事实”与“妊娠的真实”进行对比，说后者与自己更“贴切”。读了这本书，我想起精神分析学家荣格曾经写过一篇详细分析一名 5 岁女孩子性兴趣的论文。这个小女孩十分聪明，通过对大人的观察和提问，对生孩子之事所知颇多，而她有时依然会一脸认真地说：“小孩子是白鹭带来的。”

对于这种现象，荣格认为，虽然她懂得许多事实，但在 5 岁的小女孩心中最为贴切的还是“白鹭理论”。也就是说，“白鹭理论”与对这个孩子而言的“真实”更为吻合。人既是物理性存在，也是精神性存在。作为精神性存在，与之更吻合的幻想也更有意义。

我并无意在这里主张不教授事实更好或者应该经常

在学校里讲授“白鹭理论”，我最想强调的是，对性教育困难度的认识。如果认为在班级里齐刷刷地教授“科学事实”就可以搞定性教育，那可就大错特错了。了解事实是否就可以在“精神”层面接受了呢？只有持续对之进行思索才有意义，而且如果要进行“教育”，是不是应该对每个人的接受方式保持相当敏锐的感知力呢？也就是说，我们应该思索对于“彼时、彼人”而言的真实性到底是什么。

有一本书《妈妈》（*This Quiet Lady*），由夏洛特·佐罗托（Charlotte Zolotow）著、安妮塔·罗北儿（Anita Lobel）绘译。书里描写了一个幼儿依次看妈妈从婴儿时期直到长大、结婚时照片的情形。妈妈的照片旁边写着：“哎呀，妈妈说，她一直在期待着与我相遇的一天呢。”下一页是一张被妈妈抱在怀里的小婴儿照片。结尾写道：“然后呢，我就来了，我变作了小婴儿！”

这并不是幻想，它们都是事实，只是没有把重点放在小婴儿在生理方面如何诞生上，而是放在了我们如何乘着母亲“生命”的河流以及“我来了”这样对小孩子而言相对真实的事情上。

林宽子说，如果说“白鹭把小孩子带来”是谎言，那就“有可能失去一些重要的东西”。我们必须思索能够将“重要的东西”传达给小孩子的性教育。

第二部分

品味微妙的人生

人生的滋味

如今物质丰富了，回想小时候，多少会惊讶于现在一日三餐的奢侈。我小的时候，咖喱饭、亲子盖浇饭[1]、寿司等都是奢华大餐，想都不敢想午饭能吃上这些东西。我在乡间长大，能吃上一片叫作火腿的东西，那种美味甚至会让我感动到无以复加，难以忘怀。

如今真是一个饱食的时代，或许可以说世间的珍馐美味遍布大街小巷。有志于做“美食家”的人会转遍各处餐馆饭店品尝比较。从前的父亲，只消对妻儿放言“我会让你们衣食无忧”便可趾高气扬。如今仅凭这个，可不能说尽到了丈夫与父亲的职责。

那是否可以据此认为，所有日本人都在吃美味的东

①日本传统食品，指鸡肉鸡蛋盖浇饭。——译者注

西呢？事实似乎并非如此。我曾听过下面这件令我印象深刻的事：杂志《飞翔教室》连载了访问学校老师时别开生面的对话，最新一期登载的是和一所名叫“生野学园”的高中的校长村山实先生的对话。这所寄宿制高中专门招收拒绝上学的孩子。村山校长说他们那里的孩子很多都不知道食物的味道，说虽然经济上富裕了，但“饮食却很贫乏”。

这里所说的“饮食贫乏”并不意味着营养不良，而是指他们鲜有机会吃上一顿饱含情感的有滋有味的饭。也就是说，虽然父母在营养上花了心思，却没有为微妙的口味费心耗时。父母当然也会带他们去饭店，但说起来，这样却体会不到品尝“我家的味道”的滋味。

因此村山校长考虑，厨师在对这些孩子的教育方面非常重要。厨师逐一仔细观察孩子们吃饭的情形，根据这些孩子的状态做了诸多思考。费心费力给孩子做了好吃的饭菜，他却看都不看一眼，只吃咸菜和茶泡饭对付。也有的孩子虽然把饭菜全部吃掉了，却完全不品尝滋味，只想赶紧吃完。

怎样做才能让这些孩子香甜地吃饭呢？怎样做才能让

他们懂得微妙的品味，知道同样饭菜的味道即便只有温度差异也会发生改变呢？校长认识到一日三餐对“教育”多么重要，最终决定让厨师也参加教职工会议。在教职工会议上，“那个孩子食欲不振”等问题和“那个孩子数学不好”“学习上精力不集中”等问题同等地被提了出来。

据说在全体教职员的无微不至的关怀下，孩子们开始在吃饭时认真品尝了。他们变得相当坚强，已经开始具备去普通学校上学和走上社会的能力。我听了这个故事很是感佩，厨师参加教职工会议一事很了不起，明确展示了这所学校的优点。

说来，这个话题超越了拒绝上学本身，我想它提醒了生活在现代社会的我们应该反思的一个问题：是不是因为物质变得丰富了，我们反而囿于“尽可能多”或者“尽可能快”这样的思维方式，所有的一切都成了“马马虎虎的味道”？是不是我们忘记了心灵的细腻，忘记了静下心来品味食物？吃饱饭是关于量的问题，而在包含情感的滋味这一点上，是不是我们反而变得贫乏了呢？

这样想来，我甚至觉得这不仅仅是饮食的味道，还应该扩展到“人生的滋味”。这一问题，让我们从整体上检讨了自己的生活方式。我们应该进行反省的是，我们是否仅仅依赖远渡海外、见到更多的人这类量的计量而忘记了品味微妙的人生呢？

举家渡河

美国作家罗兰·英格斯·怀德（Laura Ingalls Wilder）的作品《大森林里的小木屋》（*Little House in the Big Woods*）很有名，我想很多人都读过。我阅读儿童文学作品较多，反而漏读了这本大热的书。虽说下手已迟，但读《大森林里的小木屋》还是让我心生佩服，觉得这本书果然不负名作之称。美国的电视反复多次播放过这个故事，也算是个人气节目。很显然，这本书讲的是开发美国西部时一个家庭的故事，在现在的美国也很受欢迎。它给了我们一个重新思考“家庭”的机会。

这个家庭为了追求新天地，举家乘坐敞篷马车迁移。在这个过程中，乘马车过小溪的一幕让人十分感动。说是小溪，在日本说来就是大河了。爸爸坐在驾驶位上，妈妈和孩子们依偎在马车的车棚里，可以称为家庭一员的狗，则靠自己游泳来追赶马车。没想到河水很深，马儿站不起来了。

爸爸让妈妈坐到驾驶位上，自己跳进河里，抓住马的鼻子牵引它。妈妈也立刻命令孩子们保持安静，自己转移到驾驶位上。在令人窒息的紧迫感中，马儿的腿终于能触及河底了，好不容易抵达对岸。在这期间，大孩子们克制着因害怕想哭喊的心情，紧紧抱着小婴儿不让他害怕。渡过河后的他们欢喜极了，却得知爱犬不见了，又一起跌入悲伤之中，但他们不得不继续前进。实际上，狗随后出现了，团聚的场面很是感人。

读这样的故事令我感动，眼前浮现出一家人齐心协力直面困难、战胜困难的情形。可是如何看待我们现在的人生呢？我想，其实我们的人生中也会存在一样需要齐心协力“举家渡河”的时刻吧？比如父亲必须单身赴任时、孩子就职或结婚时，还有的情形不似这般一目了然，比如母亲到了更年期、孩子到了青春期时，都必须在内心体验“渡过大河”的感觉。这种时候，或许需要全家人齐心协力吧。

然而令人遗憾的是，现在这种“渡河”任务有很多并未被人们认识到。很多人喜欢看《大森林里的小木屋》，是因为能够“清楚目睹”在这种亲密接触大自然的生活中全家人必须齐心协力，或者在那种时刻每个人为之努力的情形。所以，话题离不开“过去真好”终也是无济于事。

读《大森林里的小木屋》，有个情节是孩子们收到圣诞礼物咖啡杯时，非常高兴。看到这里我们也能明白，现在的我们过着物质上丰富便利的生活，与当时不可同日而语。我们大概不可能将这些全部丢开回到过去，而且如今也不可能坐着马车去旅行。

我想，《大森林里的小木屋》在这里并不是单纯地为了缅怀，而是有必要思考当下。难道它不能启迪我们思索人生旅途中该如何认识、应对“举家渡河”的时刻吗?

关于今天的“渡河”，我虽然只列举了结婚和就职之类，但我想其实还有很多，比如发生“孩子不去上学”“妈妈出车祸”“妈妈得了重病”等“不幸”的事情，这种时候也许需要凭借全家人一起“渡河”的决心和努力，从中产生新的生活方式吧。开拓新天地不可能不经受“渡河”的辛苦。

满足的人生

“满足的人生”或许是人类的理想蓝图之一吧？没有任何遗憾、总是心满意足，如果能保持着这样的心情过上一辈子，这不就是幸福吗？可是实际上真的存在这样的生活吗？或者说怎样才能得到它呢？

想到这里，我便试图到民间传说中一探究竟，看看是否有差不多的素材。正因为民间传说是经过人们长时间口口相传留存下来的，所以即便乍一看荒诞不经，其实里面却包涵着了不起的“民众智慧”。如果读得足够多，自然能发现优秀的故事。伊塔洛·卡尔维诺（Italo Calvino）的《意大利民间故事集》（*Italian Folktales*）里就有一个故事“知足男人的衬衫”。我先来介绍下这个故事吧。

有位国王有个独生王子，王子的内心总是无法满足，整天茫然远眺。国王为了能让儿子心满意足想了很多办法，却无济于事。于是国王便找学者们商量，学者们提出一个好主意：“找到一个永远心满意足的男人，让他和王子殿下换换衬衫就行了。”

国王发出告示，命人寻找“心满意足”的男人。一名神父被带了过来，说自己“心满意足”。国王说：“如果是这样，我就让你当大主教。”神父大喜，说：“真是做梦都没想到。”但是国王却说：“想过得比现在好的人并不是心满意足的人。”于是赶走了他。这个国王真是聪明过人。

接下来邻国国王派来使节，说自己过着“非常满足”的生活。可是这个邻国国王却说：“我什么都不缺，然而我却必须留下这一切死去，这太遗憾了，为此我夜不能寐。”所以他也不行。

有一天，国王出去打猎，听到一个在田野间放歌的男人的声音显得无比满足，于是上前搭话。国王对他说，要是他来都城一定会盛情款待，年轻人却说：“我现在这样就很好，也很满足。”国王大喜过望。终于找到了自己要找的人，正准备脱下年轻人的衬衫，“国王的手却停了下来，无力地垂下双臂，年轻人根本没穿衬衫。”

故事到这里就结束了，大家怎么看这个故事呢？读过民间故事的人可以想一下自己喜欢的故事，里面常常不会出现“正确答案”。

我觉得这个故事很有趣。因为要找心满意足的男人，先是神职人员出现，却暴露出他也有强烈的入世欲望。接下来是一位无所不有的国王，但他因为害怕“死”，所以无法“心满意足”。最后竟是一个一无所有、连衬衫都没穿的穷小子以“心满意足的男人”的身份登场。说到“心满意足”，我们马上就会想到已经得到了很多东西的人，莫如说，故事所揭示的一无所有的人才能真正过上心满意足的生活这一现象让我们有些许难以接受。人生包含着有趣的悖论，民间故事似乎正适合讲述这些。

就算能让那个年轻人转让衬衫也对王子无济于事，我想这揭示了“心满意足的人生”是无法从别人那里借到的。认为只要有了这件衬衫，儿子就会得到幸福的国王正高兴着，却发现对方赤身裸体，随即变得心灰意冷，这给我留下了深刻印象。想来，希望儿子过上心满意足的生活的父亲热心过头，这一出发点本身或许就是错的。

为了过上心满意足的生活，富有者必须不断扔掉一些东西，这是一种人生方式。或许还有另一种生活方式，那就是从一开始就不要追求“心满意足的人生”，而是享受自己一点一点得到的东西。

亲子关系

来美国之后，我接触到不少与日本迥异的生活。许多时候它作为一面镜子，让我对日本做出新的思考。这次我想特别谈一下自己对亲子关系存在方式的思考。这并非建立在统计调查之上，说到底是基于我的个人体验，所以还请读者朋友阅读时留意这一点。

似乎不能简单地说日本人和美国人谁的亲子关系更亲密。我在普林斯顿大学和学生们聊天时，听他们说放假时“能见到家人真高兴”或者“假期的快乐在于和家人一起旅行”，心想：这和日本学生真不一样啊。若是在日本说这样的话，可能会被人认为“没有脱离父母而自立”。反之，声称“我才不要和父母一起去旅行呢”的学生更多一些吧？

当然，不能据此就断定美国人比日本人的亲子关系更亲密。比如最近，虽然在日本也有父母虐待孩子之类的事情发生，但在数量上美国却占有绝对优势，流离失所的孩子也是美国更多。

我认为，与其讨论亲密性，还不如关注一下质的差异更好一些。在日本，亲子关系的重心依然被置于亲子一体感这种感情之上；而美国人则倾向于认为即便在亲子关系中，也是个体对个体的关系更重要。因此，美国人很早就留心把孩子作为个体来教育和培养，而很多日本人并不知道美国人在这方面的教育有多严格。

或许日本的学生认为“和父母无关”的生活才是自立，而在我来到美国之后，这种“无情的学生”现象却引起我诸多思考。在普林斯顿大学不太能听到这类话题，但如果让美国人来说，他们会怎么评价日本学生的教养呢？

很多日本学生会从父母那里索取超过所需的钱挥霍，而在美国，即便家境殷实，也不会随便把钱给孩子嬉戏玩耍。据说，美国人并不能理解为何日本的父母要在孩子的衣服、车以及其他奢侈物上花大把的钱。

在美国的亲子关系中，个人关系很重要，所以收养别人孩子的人出乎意料地多，这令我感到吃惊。可以说，他们几乎感觉不到日本人那种无法言说的、基于血缘纽带的一体感，所以即便有了自己的孩子，再收养养子时也会处理得很好。

接触到这样的例子，让我心生佩服，总认为美国人的亲子关系很好。

不过常言说，凡事过犹不及。也有的人抱着“我家就一个男孩子，再有个女孩子就好了”的念头，于是从亚洲国家收养一个被遗弃的孩子。可是过了不久，又说“这种孩子无药可救”“我养不了”，又送回到救助机构。

因为他们把收养孩子想得太简单，所以即便那个不幸的孩子表现出东方人的依赖性，他们也不加注意，说“这是个不听管教的坏孩子”，最后又说什么“这孩子不会表达情感”。

接触到这样的例子，尽管事不关己，我还是气愤不已。有时，救助机构也对这些孩子束手无策，他们来到我从事箱庭疗法的治疗师朋友那里，说即便被亲生父母和养父母双双抛弃，也要凭借自己的力量重新站起来。这当然不容易。看到这些，我一方面佩服这些孩子的优秀，一方面暗想：“没有父母的孩子也能长大。”

不过，他们是因为邂逅了在深层意义上取代了父母的心理治疗师，所以才有可能恢复，否则这些孩子也许就不得不经历难以言表的不幸生活了。

听着这样的实例报告，我想，孩子降生时对这个世界一无所知，所以应该被小心翼翼地抚养。并且我认为，我们更应该在“小心翼翼地抚养”的方法上认真思考，取得日本式亲子关系和美国式亲子关系之间的平衡。

孩子的幸福

父母都会祈祷自己的孩子得到幸福，甚至在日本人中不乏那种认为如果是为了孩子的幸福，牺牲自己也无所谓的人，而且也有许多践行这类事情的“美谈”。还有人说，如果不能亲眼见证孩子的幸福，便会“死不瞑目”。

祈愿孩子幸福的舐犊之情以及作为父母的努力，虽然令我心生佩服，但有时却不得不说他们是打错了算盘。

比如有这样一位父亲，上初中的孩子不去上学了，于是叹息：“现在的孩子太不知足了。”这位父亲小时候因为家贫，小学毕业后家人就不让上学了，于是他只好半工半读，总算有了今天的成就。如今他虽然开了一家小公司，但不知为没有学历受了多少苦。所以，他不想让孩子也受那种辛苦，便在小学时让他上课外班，给他请家庭教师，还让他上了一所“很好”的私立初中。

正因为父母之前为他做了这一切，所以说他偷懒不上学是“不知足”。

这位父亲当然希望孩子幸福，殚精竭虑就是为了让他免受自己小时候的不幸，可是站在孩子的立场来看，可能很难判断没有钱的“辛苦”和违背自己意愿去上补习班或被迫跟着家庭教师学习哪个更不幸福。如果把关注点放在是否按照“自己的意愿”上，那是否可以说后者更不幸呢？

祈愿“孩子幸福”的父母，真的是在祈祷孩子想要的幸福吗？我们有必要考虑一下，难道父母不是随意制造出自以为是的“孩子的幸福”，并相信孩子是“幸福”的，希望自己因此心安理得吗？难道许多时候不是因为自己怕看到孩子辛苦而痛苦，所以才想逃避的吗？

据说，最近日本中产阶级的商业人士也开始经常读一些像我的书这样的关注心灵的读物。虽然以前可能因为忙于工作不怎么读书，但我依然疑惑于他们为何开始对心理问题感兴趣了。有人向我解释，因为之前认为毕业于一流大学后进入一流企业工作，就等于“未来的幸福”有了保障，所以希望自己的孩子也能走这样的路。但想想自己现在所处的状态，渐渐明白不能简单地那样说，于是开始读书，希望通过某种方式得到线索，找到一种思考属于孩子的真正幸福的方法。

日本的商业人士已经开始注意到“一流病”的危害，这是好事。一流大学毕业后进入一流企业工作未必能带来“幸福”，反之，我渐渐见到许多人因此变得不幸。这并非因为“一流”不好，而是因为“一流”的重负扼杀了一个人本身的个性和欲望。应该说，问题在于大家公认的“一流”化身成了标准，人作为个体的思考与希望被碾碎了。

祈祷孩子真正幸福应该怎么做呢？应该先思考一下自己是否正假借“孩子的幸福”之名，来获得做父母的安心和幸福。

无论怎么想，在考虑“孩子的幸福”之外无法思考自己的幸福的人虽然也没什么,但他们即使声称自己为了“孩子的幸福”，归根结底还是为了自己，所以最好还是不要太趾高气扬或者强加于人吧。

“孩子的幸福”最重要的一点是，让孩子自己获得幸福，“守护”它远比对孩子指手划脚、多管闲事更需要心灵的力量。

闪光的个性

在我接受的许多咨询当中，叹息“为什么偏偏只有我必须受这份罪”的人很多。也许可以说，几乎所有的人都曾经说过这样的话。别人都幸福或平安无事地生活，为什么偏偏只有自己被卷入不幸或灾难中呢？想来想去却依然找不到答案，总之是“岂有此理”。这样想便会倍感痛苦和悲伤。

哪怕痛苦，若能获知原因也可接受。比如，因自己不小心引发交通事故，虽然也会痛苦，但终归是因为自己不好，所以能够接受，也会交罚款。再或者，得知别人和自己品尝着同样的苦楚时也容易忍受，比如，因地震或洪水导致许多人受灾时，痛苦倒也痛苦，但和人共苦这一事实至少让人在心理上更容易忍受。

自己痛苦却得知别人依然快乐、欢喜时，痛苦便会格外加剧。她是姐妹三人中最小的一个，两个姐姐有着惊人的美貌，只有她自己不知何故，连姿色平平都称不上。同是一母所生，这是为什么呢？有时她会想，莫非不是同一父母？可是仔细观察，自己既像爸爸又像妈妈。姐姐们也像父母，却在是不是美女的决定因素上存在差异。自己没有任何责任，却自小从人们对待她们三姐妹的态度上感觉到了明显的差异。姐姐们被人众星捧月，而自己却时不时成为被人讥笑的对象。

听她这样讲，有时甚至会情不自禁地泛起同情，我也会想："为什么这么好的一个人偏偏……"她是那么举止温柔且又行为端庄，为什么会遭遇这样的不幸？而且不止一次，有时还会接二连三。虽然我带着深切的同情心听这样的故事，却并不沮丧，而是一直安静地听着。如果他们的遭遇令我感叹，那么无论一年还是两年，我都尽量不去回避，而是努力地正面接受。表面看来，我甚至会被误认为感觉不到那个人的苦恼和不幸有多深。

我为何要那样做呢？听他们讲述，明明我无法给予劝慰和解决办法，为何还要继续听下去呢？答案有许多种，但我首先想到的是，无论多么不幸，我认为能够说"偏偏只有我”就很了不起了。

都说现代社会注重个性，在日本的学校和公司都会听到“拓展个性”这样的说法,可是实际思考“个性是什么”,却又不明所以。所以无论内容如何,能说出“偏偏只有我”就已经很了不起。也就是说,“为什么偏偏只有我不幸”这样的疑问提供了发现个性的切入口。既然如此，就再把切入口扩大一点，无论多么痛苦，都去关注一下从中发现的东西吧。我就是这么认为的。

“平等”很受现代人的重视。既然同样生而为人，就要努力做到平等。我们基于这样的思想活着，今后也许还要这样活下去。或许上帝一边高度评价人类为平等付出的努力，一边赋予人类命运无可救药的不平等，以防止它变得平板化或者脱离个性。上帝赋予的不平等与人类为平等所做的努力发生碰撞，迸发火花，可以称为“只有那个人是这样”的个性在其中熠熠生辉，难道不是吗?

我见到的人虽然遭受着“可怜的不走运”或不幸，也确实需要经受长年累月的或深沉的痛苦，但我却佩服他们能够找寻到各自闪光的个性。虽然他们也有可能被迸射的火花屡屡灼伤。

"弑母"与"自立"

我去欧洲旅行时，来到布拉格郊外的科诺皮什切城，奥地利的弗朗茨·斐迪南大公曾把这里当作狩猎的行宫。因为暗杀斐迪南成为第一次世界大战的导火索，所以有许多人记住这个名字了吧？斐迪南喜欢狩猎，据说一生猎杀过 30 万头猎物之多。

去科诺皮什切城看到了斐迪南猎杀的动物角和头已经多得摆不开了。他狂热地喜爱狩猎，去国外猎杀大象和老虎，有时还打兔子，并把获得的猎物仔细记录下来，因此我们才能得知 30 万头的总数。因为关心狩猎使用的工具，他还收集了许多武器，仿佛是在显示身为一国皇储有花不完的金钱。若说他最终也倒在枪弹下有点令人不可思议，但的确如此。他曾杀死许多动物，最后自己也死于枪下，这样的一生是否幸福呢？从这样的视角思考或许有趣，但这次我想写点别的。

斐迪南的藏品中有圣乔治的画像和绘画作品。圣乔治是位降龙救美的英雄。这个古老的传说起源于何处我并不清楚，实际上，他虽然未被基督教会正式认可为圣人，但这个故事却深受西方人喜爱。我想或许斐迪南也很感兴趣吧，所以才收藏了那些东西。他有大量藏品，但圣乔治作品的数量占绝对优势。

荣格派心理分析学家诺伊曼解释说，这个伏龙的故事象征性地显示了西方社会确立的过程。诺伊曼认为，英雄圣乔治代表自我，龙代表阻止自我独立的母性，因此，西方人的自我通过象征性的“弑母”得到确立。为了不至于让自我与世界切分孤立，就从中救出新的女性以恢复关系。

在这里重要的是，“弑母”最终必须作为内在性经验来体验。因为这很难做到，所以许多孩子将本该内在进行的事情外在化了。也就是说，人们认为对母亲使用暴力便是这样的例子。诺伊曼认为，体验过“弑母”的人反倒能和自己的母亲以个人对个人的关系亲密相处。实际上，即便不会对自己的母亲使用暴力，但看到徒劳进行反抗或者拒绝的人，便可以明白自我是弱小的。

日本本来就是母性强大的国家，母性好的一面一味被强调。随着日本和欧美的关系越来越亲密，“自立”越来越受到推崇，对母性特有的否定面也逐渐有了认识。于是在日本，人们也逐渐认识到象征性的“弑母”的重要性，但这依然是个很难的问题。

想到这儿，我认为不能简单地得出结论。我在这里想强调的还是，我真切感受到欧洲人对圣乔治的感情强烈而混乱，它让我感觉到其中的不容易。恐怕斐迪南杀死 30 万只动物也是在把自己比作圣乔治，把动物比作了龙。正因为如此，他才能在每次猎杀之后进行记录，把动物的角和头颅挂满房间。这是日本人无法模仿的。

我所说的“不容易”，既指哪怕日本人模仿欧美人，恐怕也难以在“弑母”上倾注这种程度的热情，也指哪怕日本人走向和欧美人迥异的道路，想要和如此强大的欧美人认真交往也是不容易的。

我是谁

因为日本京都市教育委员会计划开办心理咨询室，所以我现在依然有机会经常和老师们直接交谈，这令我很高兴。最近听到的事情太美好，决定在这里分享一下。

日本小学的某版教材上登载了我的一篇文章，虽然我担心这篇文章对小学六年级的学生来说会太难，但还是被他们果断采用了。我又担心老师会不会已经提出“教那篇文章很难”，但来自妈妈们的反馈却是孩子们说“那篇文章难以忘怀”。尽管我自己也认为那篇文章“虽然重要，但对小学生还是太难了”。

京都市日野小学的西寺绿老师并没有罗列诸如“我是谁”“请正视你自己”这些抽象的话语，而是让孩子们制作“我是谁”的相册。先是由老师给孩子们拍照，孩子们再把照片贴到自己的相册里，然后在“降生时刻”那一栏里由父母写下孩子降生时的回忆。

我读了一下，有些文字生动地传达了孩子降生时的感动。似乎父母不跟孩子谈起这个话题的情况出人意料地多。当孩子们得知自己来到这个世上时发生的事情后被打动了。还有一栏叫作“名字的由来”，由父母写出为给孩子起这样的名字的缘由。

还有一页上贴着孩子的照片，周围写满班里同学对孩子的看法，比如“你数学很好”或者“你对低年级同学很友善”，等等。通过周围同学的话语，“我是谁”这个问题的答案自然而然就浮现出来了。

我在这里使用了“相册”一词，其实就是将画纸折两下，写下前面那些话，再把它贴在一起，这样孩子们就亲手做出了自己的“相册”。在制作过程中,他们产生了“我”是无可替代的、是这个世界上“独一无二的存在”这样的自我认识。

据说，这个尝试不仅孩子喜欢，也受到家长的极大喜爱，老师、孩子、父母间彼此的关系也因这样一本相册得到很大程度的改善。孩子和家长都乐于见到这样的结果。

当然也有不尽如人意的地方，比如拍照片时也有的孩子把脸扭向一边，老师还担心是不是每个家长都会配合写下“降生时刻”那一栏里的内容。有的妈妈离开了孩子，由父亲写下的话也让老师感动得热泪盈眶。对制作相册逆反的孩子读了同学写给自己的话，也变得热心起来……我听到其间的各种曲折，知道这很不容易，却依然不由感慨这项工作真的很美好。

通过这样的工作，孩子们以自己的方式发现了“我”是这样一个人，老师也不再把班里的孩子们笼统视之，而是能够感受到每个人的个性。孩子感受到老师和家长投向自己的目光，从中感受到期待和温暖，从而更加珍惜自己。

从西寺老师的尝试中得到启发，其他教小学一年级的老师也不再问“我是谁”这样难懂的话，而是让孩子们将一年级的回忆保留到相册中。因为是一年级的学生，必须由家长帮忙，听说这受到了家长和孩子的极大欢迎，也给很多家庭带来了欢乐。其他老师并非照搬别人的做法，而是从中受到启发，想出了自己的办法，这点很好。我深切地感到，只要有这样的老师，日本的教育就值得信任。

易行与难行

前几天，日本研究·京都会议在国际日本文化研究中心召开，历时一周。从不同方面研究日本文化的人自世界各地云集而来，举行了一场盛大的学术研讨会。在这里，将日本人的思考方式、生活方式和其他国家的进行比较，也讨论了一些在反思自己的生活方式上颇有助益的话题。

其中有场研讨的主题是日本人的“型”，日本国立民族学博物馆的熊仓功夫教授做了如下有趣的发言。他说，日本的茶道、花道等习俗广受批判，但如果取其精华，继续守护被严格教授的“型”，不仅每个人都可以做到，而且“型”的地位也会得到不断提升。所以他说，不谈才能、素质等高难度话题，而是让每个人都能平等去做，不就可以称之为“易行”[1]吗？当然，能够脱颖而出成为达人或

①“易行”和“难行”是佛教用语，意指“简单修行”和“高难度修行”，文中分别代指“容易掌握的技艺”和“难以掌握的技艺”。——译者注

名人者另当别论，我们这次暂不触及这个话题。

可以说，西方的芭蕾舞中也有规整的“型”，但并非每个人都能按顺序学会。要想通过严格训练掌握它，恐怕没有相当的资质是做不到的。因此，芭蕾舞演员即使年纪轻轻，如果拥有相当的资质，也可以成为女主演；若缺乏必要的资质，即便经过长时间的训练，也可能会泯然众人。与之相反，日本的“易行”让每个人都可以做到，而且经过长久训练的人必然会有所提高。

日本传统拥有的这种“易行”的特点与方法给日本人带来了许多快乐，这点值得肯定。因此，与其他文化相比，在日本有许多人通过努力，得以在某种技艺或艺术上出类拔萃，这一点在歌谣、仕舞、俳句等方面也可以适用。

不过，问题似乎在于日本人深信这种方法同样适用于从西方传入的事物。西方文化发展的前提是个人差异的存在，他们认为，人应该在适宜自己个性的领域大显身手，所以不会考虑让每个人都能得到平等的方法。“有才能的人”“有资质的人”在锻炼中得到提高，通过竞争成长，于是他们各自选取自己应该前行的道路，并且为了在竞争中脱颖而出，必须找到适于自己的生存之道。这与熊仓先生所说的“易行”相比，实在应该称为“难行”吧。

不过，日本人在学习从西方传入的学问和体育等事物时，也希望日本式的“易行”方法可以适用。也就是说，他们认为学问也好，体育也好，只要每个人都平等而努力地持之以恒，便应该能够做到。因而无论学问还是体育，不行的人便是“懒人”，应该更加“努力”。这样一来，本该是“易行”，却变成了“苦行”，并且苦行的结果往往以绝望而告终。

日本人已经接触西方文化很久了，是否应该考虑一下抛却这种“易行→绝望”的模式呢？况且，最重要的是考虑自己要做的事情的性质。或许也存在“易行→苦行→感悟”的过程，但那些玩转日本式趣味世界的人也许会沿着“易行→享受”的道路前行。

如果要从事西方式的学问和体育之类的工作，恐怕依然有必要认真考虑一下“我”为什么要做、要达到什么目的、做到什么程度等问题。否则明明打算享受网球运动，却只会导致愚蠢的结果，被学长强迫进行“型”的学习这一“易行”，因而痛苦不堪。“易行”固然很好，但我认为今后同样有必要找出自己的个性，挑战一下“难行”。

忘我

有个词叫“忘我”，因为要“忘掉自己”，所以感觉有点奇怪。但多加思索后，我觉得这个词十分高明。看电影时，人会不知不觉和主人公同化，主人公处境艰难，自己也会跟着呼吸艰难，不知不觉握紧拳头，急出一身汗。当然，那不过是电影中的故事，自己坐在椅子上观看，所以说一句“什么事都没有”也就过去了。但人们常常会在观影的过程中忘记自己观众的身份。

我与儿童剧院工作的人闲谈时，他们给我讲了一件有趣的事。有些孩子在看剧时不会投入剧情中，而是说东扯西，想通过奚落的方式忽视剧情进展。看见手枪，他们会说“那玩意儿是玩具”，人死了他们会喊“只是装死罢了”，到了悲伤的场景，他们又会开奇怪的玩笑逗人笑。

总之，他们给人的感觉是“要想方设法调侃剧情达到高潮”。这样一来，表演的人自然也非常难演了。

令主持人愈加吃惊且难过的是，在得知这些孩子们奚落吵嚷取乐之后，他们的家长竟会高兴地说“今天孩子们很投入呢”。这些家长是怎么看待“投入”这件事的呢？孩子们看上去似乎很快乐，实际上却在拼命抗拒随着剧情的发展“投入”其中。他们害怕“忘我”。

为什么这种事会越来越多呢？能够做到“忘我”的人都是些什么样的人呢？首先，容易“忘我”的人会被人认为是“自我”薄弱，他们为一点事就会感动到“忘我”，结束后又恢复原样，其忘我的举止会打扰到周围的人。也有一种情况是，正因为没有迷失本来的自己，才能够做到“忘我”。

即便是忘我的体验，这种体验也会变成满足本我的要素。正因如此，我们不仅会观看戏剧和电影，还会接触各种艺术品，希望通过这些促成自我的提升。这种时候，作品越精彩我们就越会投入其中，体验“忘我”，然后回归自我，并吸收这种体验。

可是，“忘我”有时是可怕的。要想做到这一点，必须有这样一种体验，即豁出自己才会被人紧紧拥抱，会产生一种“无所谓”的感觉。如此“死而复生”的循环会促人成长，也能把“忘我”的体验变成自己的东西。

现在的孩子们是不是太缺少这种“豁出去去理解事物”的体验呢？这样的理解简单说来，就是让某个人对自己说“我彻头彻尾喜欢你”。家长说“喜欢聪明孩子”“喜欢老实孩子”，或者“只喜欢孩子晚上睡着了的时候”，是不是孩子们就算彻头彻尾豁出去，也很少会有被人紧紧拥抱的体验呢？家长是不是并非“彻头彻尾”，而是只看重头脑，却忘记了心灵和肢体表达呢？

这样的孩子极其害怕“忘我”，怕一不小心忘掉了自己就再也回不来了。因此，他不得不动员“头脑”的能力，说一些扫兴的奚落话。而家长也只看重孩子的智力，不懂得用心去抱紧孩子，所以看见孩子的那种行为，才会喜滋滋地说什么“我家孩子很投入呢”。这样看来，孩子们也太可怜了。

我认为，一生中从未体验过“忘我”的人是不幸的。是不是可以说，他们把自己这一存在赌在什么东西上，只有通过这个东西才能活下去呢？我希望培养拥有“忘我”可能性的坚强的孩子。

节日庆典

为了调查研究民间故事，我来到印度尼西亚的巴厘岛。之前为了这项研究还去过中国。在访问亚洲诸国期间，我对自己的生活方式做了许多思考，最大的感受恐怕就是，“时间”的流逝感不一样。那种时光的悠然流逝，让我感觉在日本的匆忙生活仿佛是不真实的。

在巴厘岛期间，我有机会在村寨举行节日庆典时去拜访。人们在举行斗鸡大会，人山人海围得水泄不通。我只好勉强拼命从后面往里看，只见两个人让各自的鸡相向站立，周围的人围成一个圈，握紧手里的票齐声挥舞呐喊，看来他们是在赌某一只鸡赢。战斗开始，助威呐喊声随着鸡的动作四起。毕竟是赌钱，所以气氛狂热也是自然。

我无意中看向斗鸡人群的旁边，那里似乎也在赌什么。一个“庄家”模样的人摇晃着三个画着图案的大骰子，然后投出。铺在地上的布上放着各人的赌资，点数一出来，大家马上就开始分钱。虽然我大致猜得到，但在电光火石般的交易中仍然难以把握规则。有的人在这里稍逛一下便去了斗鸡处，也有的人正相反。

斗鸡决出胜负后也会进行金钱的交易，但局外人难以搞懂其中的规则。刚一决出胜负，票就到处乱飞，摸不清彼此到底是什么关系，总之全村的男人（没有女人）都很欢乐。

我打听得知，村里人平时从不赌博，只在节日庆典时在寺院里举行一下。这确实是个好主意。人性的某一面是嗜赌的，我在日本时也会见到这类人，日本有很多类型的赌博。我想，在这里看到的赌博活动会不会曾是某种祭神仪式呢？人们按照神的意旨享乐，而且只限于节日庆典当天，并限定于神圣的场地内。这样一来，人就不会耽溺于此。似乎这里的神明深谙把人性作为整体进行调动，并使之不失去平衡的方法。

夜晚，女人随着佳美兰[①] 音乐翩翩起舞。这和以观光

①印度尼西亚的传统音乐，以锣或木琴等为主要演奏乐器的音乐合奏，常用于舞剧或皮影戏的伴奏。——译者注

为目的的舞蹈不同，极好地表现了村落的氛围。只消看看广场上站在最前面的几个女人，便可知道这舞蹈很优美。她们的动作类似于太极拳，舒缓悠然。村里的老人、年轻人和孩子们都跟在那些女人的后面，排着队跳舞。他们模仿前面的人的动作，有跳得好的，也有跳得不好的，千姿百态。狗从跳舞的广场上穿过，时而有小孩子跑过来抱住似乎是孩子妈妈的人，有的人一边演奏佳美兰音乐一边把小孩子抱在膝头，也有的人会趁着演奏间隙抽支烟。正是这样的场景，生动地向我传达了节日庆典的整体面貌，每个人的灵魂都与之息息相关。

人活着并不容易。日本人原封不动地照搬西方近代的生活方式（话虽如此，却忽略了宗教因素），在创造便利富裕的生活方面，全世界少有国家能比得上日本。可是从真正的“幸福生活”这一点来考虑的话，就不得不怀疑日本做得到底如何了。虽然物质丰富了，但日本人是不是正变得焦躁不安呢？

话虽如此，我们也无法和巴厘岛的人过“同样的”生活。要想保持“便利的”生活，同时拥有心灵的安宁，我们必须做出相当大的努力。每个人在各自的人生中是如何安排真正关乎灵魂的节日庆典的呢？这件事无法依赖任何人，只能由自己来完成：首先就是要这样下定决心，然后才能想出属于自己的节日庆典来，而且尽量不要打扰到附近其他的人。

悲伤

我读了白洲正子的自传，这是一本酣畅淋漓的书。倘若人生能过得如此自由自在该有多好！读着读着，我也跟着快乐起来。

话虽如此，若以一种半吊子心态生活的话，是不可能活得如此逍遥的。在书的开头描写的白洲祖父的轶事具有象征意义，祖父曾一刀斩落一个“懦弱”武士的首级。倘若他没有这种气魄，就无法活得逍遥自在。

书里有许多读来酣畅淋漓的故事，但我在这里想介绍这样一件事，这件事令活得自由奔放的白洲后悔到写下这样一句话：“我被一种想把自己的身体撕裂的情感驱使着。”有个叫质的女人令白洲难以忘怀，她是白洲小时候的女佣。质是个名副其实的自我牺牲式的人物，她被白洲称为“我和质的缘分之深超过了与我的生身母亲”。战争期间，所有人都为食物发愁，质为此也想尽了办法。为了把白洲干农活得到的小麦制成面包，她费尽心思不知从什么地方找来了酵母菌。

有一天，质因为脑溢血倒下了。“我不会忘记。那是个风暴肆虐的夜半，我慌忙奔向她的房间。那一瞬间，我的脑海中闪现的竟然是‘哎呀，这样就买不到酵母菌了’这句话。”白洲写道。

“这何等冷酷！任何东西都无以替代的数十年的恩情竟然会被还原成不值一提的酵母菌！”白洲由此生出了“想把身体撕裂”的深深的悔恨。

我曾听过许多人的私密往事，接触了一些与此类似的事情。是不是当人迎头接受失去最爱的人或最大的恩人时，那种悲伤会让人久久无法重新站起来，有时甚至会因此死去呢？我想，也许是为了防止这种情况发生，人的潜意识会产生防卫心理，让注意力集中在一些琐碎的事情上。总之是要和悲伤的情感隔绝。

人通过这种方式暂时得到了保护，之后悲伤随着时间的推移又渐渐袭来。是不是正因为如此，人才能够在深深的悲伤中忍耐下去呢？读者朋友是否也有这样的经历，即当亲爱的人死去时，自己的注意力却被一些无关或琐碎的事情抓住呢？

其次想谈谈关于悔恨的念头。人在活着的现实背后或许流淌着一种情感，它十分深邃，难以简单命名为“悲伤”，我想它还和难以疗愈的创伤有关。基督教通过“原罪”的形式把人与生俱来背负的罪孽作为人活着的重要基石。可是现代人在了解亚当和夏娃的故事后，还有人能把这“原罪”视为自己的罪孽去背负吗？更遑论对于非基督教徒了，对他们而言这毫无讨论的意义。

将远古时代的“故事”作为自己人生的基石，对现代人而言是非常困难的。或许也有这层原因吧，现代人是否也在不知不觉中做了一些不能轻易对外人言说的悔恨之事呢？恐怕就连白洲也是如此，她将对质的悔恨之情长时间藏在心里，没有对任何人提起过。认为自己犯下了不可原谅的罪过，倘若这样的想法贯穿于人的一生，那种悲伤只怕在尚未出生以前就有了吧？或许是为了注意到它而不将其抛诸脑后，才会在冥冥中安排了某种与之对应的现实经验吧。而且我认为，如果没有这种悲伤的佐证，白洲也不可能获得那样逍遥自在的人生。

互助与决断

阪神大地震带来了空前绝后的灾难。我在震灾发生一个月后见到了那悲惨的景象。我心想，灾后一个月尚是此等情形，可见当时该有多么恐怖！甚至可以说，灾民们的痛苦在之后还会加大。所以我认为，应该更加竭尽全力地救援。亲临现场，会让人感受到一种电视和照片等影像媒介无法传达的惨状。我们绝不可以忘记这一幕。

关于震灾后的心理援助，我曾撰文介绍过一些，所以这次想换一个角度写一下我在震灾中学到的宝贵经验。因为发生了这种不幸，我们得以学习到很多于今后人生有益的东西。

震灾发生后，外国朋友们通过电话和电报向我表达了慰问。其中，不少外国人都对日本人在这次灾害发生时依然保持井然有序赞赏有加。让他们吃惊的是，地震中竟然一件抢夺和暴动之类的事件都没发生。现代社会的各种现场状况都可以直接通过影像呈现出来，所以他们对此印象非常深刻。

地震当天，虽说每人只发了一个饭团，但大多数人并没有生气或者叹息发牢骚，而是严格遵守秩序。据说，这种事在国外是难以想象的。不过，如果说日本人这方面的表现令人欣喜，那么也有不少外国人认为日本政府的反应相对有些迟钝。举个例子，美国洛杉矶地震时，总统第二天便决定斥资 1 700 万美元用于心理援助，而日本则是依靠临床心理咨询师协会的捐款进行救助。

日本社会已经相当西化，尽管欧美的个人主义风行，但是迄今为止，日本人之间的关系并非独立的个人对个人，而是基于从根本上维系在一起的状态形成的。无须一一诉诸语言或者制定规则，日本人也会纷纷以整体的关系为前提展开行动。

阪神地区多为大都市，其人际关系也应该是都市型的，也就是说形成了个人主义，可一旦到了危急时刻，或许往昔的秉性便会显现出来，每个人都会感觉到一种保持集体行动的倾向。过去，虽然人住在都市中，却不知道邻里住着什么人，如今又因依然能感觉到心灵之间的温情而欢喜，这样的报道在全日本都得到了认可。甚至有人说，托了灾难的福，得以再次见到人间温情。

这种日本式集体倾向又会对政府方面产生什么作用呢？政府即便想做出某种决定，也必须要听一下相关人员的意见，因为担心擅自决定可能会受人指责，或者怕被人说独揽功劳。总之做出决定之前会有太多的考虑斟酌。在深思熟虑或与人商量的过程中时间流逝，而且其间还会听到许多不同的意见，因此做出最终决定之前可能会花很长时间。那些对政府愤愤不平的人最好站在自己要承担责任的立场上，考虑一下自己是否具有独自做出决定的能力。

之所以能在这次灾害中很好地避免了次生灾害的发生，我认为得益于日本人的集体倾向和具有独立决断权的领导之间的巧妙组合。

至此，我认为今后日本人的任务应该是继续保持人与人之间的现有关系不丧失，然后训练自己在非常时刻能够做出自己的决定的能力。虽然极其困难，但我认为通过不懈的努力是可能实现的。

触摸的妙意

人通过五官认知世界，通过看、听、闻、品尝、触摸等感知世界，了解自己和世界的关系。通过这些感觉的洗练，我们的感受性也得到了拓展，人生变得更加丰富。名曲和美食等若没有与之相匹配的感受就会变得毫无价值可言。

因为人被称为“视觉动物”，所以格外重视视觉。想来甚至可以说，人得到的信息多半都是视觉信息。文字和影像给人类提供了其他事物无可比拟的大量信息。与之相比，对人类而言最未经分化的感觉恐怕就是触觉了。大概可以说，人在判断某件事的善恶美丑时极少诉诸触觉。可是若人类想深度确认自己的存在，触觉是否就变得很重要了呢？比如，对于即将离世之人，默默地握紧他的手非常重要。尽管如此，我想我们在生活中还是有许多时候忘记了触觉的重要性。

我最近读了诗人工藤直子的随笔集《狮子的尾巴》，实实在在地感觉到了“触摸”的重要性。“蜗牛的眼镜、海豚的额头、大猩猩的后背、小猫儿骤然弯身时的褪窝、金龟子柔软的内翅、猫头鹰颈部环绕的蓬松羽毛、海獭的肚子、海马的尾巴尖……”说起这些来，据说工藤“看见它们便情不自禁地想摸一下”。工藤说：“只有摸一下，我才能感觉到与它们的相遇。”

读到这里，我仿佛明白了孩子们疯狂喜爱工藤的诗的奥秘了。小孩子们重视触觉，工藤的诗把通过触觉感知到的事物写成了语言。孩子们读着那些诗句，从中直接“触摸”到了工藤的心灵。

工藤幼年时母亲亡故，所以他在《狮子的尾巴》里屡屡提到关于父亲的记忆，说小时候最常见到的便是父亲的“手”。

> 散步时牵着我的手、给我跌倒后擦破皮的膝盖搽药的手、给我穿衣服的手、拿着菜刀削土豆皮的手，等等。

那时候的浴缸都是木制的，边很高，小不点的孩子很难进到木桶里。这时候，托着我的两肋把我“咕咚”一下放进去的，也是爸爸的那两只手。

读着这些句子，虽然工藤说“看见”了父亲的手，我却能明白里面包含着时常“触摸”的体验，工藤父亲那双温暖的手的触觉也传递给了阅读这些诗的我。

因为“触摸”完全变成了心灵的接触，所以我们的心也被打动了。比如她这样描述10岁时第一次见到盛开的樱花时的印象：

时近傍晚，也许是因为空气骤然冷了下来吧，突然间“呼”地吹来一阵风，我吃了一惊。成千上万片花瓣一齐在空中飞舞，数不清的花瓣把蓝天遮掩，好像人也被卷在其中，不停地飞舞着、飞舞着。我茫然地站立着，仿佛突然间被放进一个非日常的世界里。

那一瞬间，只怕是我们都加入了花儿的庆典，忘记了自己是“人”吧。

瞬间凋落的成千上万片花瓣无疑触动了10岁的直子

的心弦，失去了这种意味深长的“触摸”体验的现代人，虽然突然想把它找回来，但心灵的琴弦却已生锈。因为过于急不可耐，便不得不做一些类似于突发性骚扰那样的事情。因为“触摸”行为并未伴随心灵，所以只留下苦涩的回味。

要想真正了解“触摸”的美妙，焦躁是大忌。工藤在《狮子的尾巴》这本书里说，心灵不可以变成“漫无边际的天空”，“等待”心灵的触摸非常重要。

育树

在东京搭乘出租车的时候我会莫名地担忧。因为对一直乘坐京都出租车的人而言，东京的情形大为不同。京都的出租车司机会跟乘客搭话，对目的地也大致知道。

也可能是因为东京太大，即使说了目的地也常会被告知“我不知道”。总感觉这回答有点冷硬，有时我还会产生“人家会让我搭乘吗”的念头。这恐怕是来到东京的人心中的自卑感在作怪吧。

不过，前些日子我在东京乘坐了一次出租车，这位司机却大不一样。他张口便说:“先生，新芽很美吧？”我看向窗外，皇宫周围树上的叶子确实很美。“银杏的新芽不错吧。”“请看，那是楠树。”就是这样一种情形。

老实说，我很喜欢树。我说“松树也很好呀”，那司机便说：“修剪起来太费事了，怎么说都得一棵一棵地手工修剪。”就这样，我们很开心地聊着许多“树”的话题抵达了目的地。下车后我依然神清气爽，感觉自己对东京出租车司机的偏见也因此得到了相当大的纠正。

我喜欢树，但比起摆弄盆栽，我更喜欢欣赏自然的树木。所以去国外时，只要在树林中漫步或者看看河岸上成排的白杨就很高兴。那里有一个国家特有的树种和风貌。

去年我受邀参加美国明尼阿波利斯市的箱庭疗法研讨会时,有半天的休息时间不知该怎么过。主持人问我:“你想看什么？”我说:“自然中的树木。”他也认同这是个好主意，于是我骑上自行车沿着密西西比河的峡谷欣赏春天新绿的树木。

我在美国逗留了两个月，并获得了难忘的记忆。毕竟美国的好处是地广人稀，而骑自行车更能接近大自然。遇到形态漂亮的大树时，我就想对它说:“你在这里住了几年了？”“你见过许多印第安人吧？”

人各不相同，有人喜欢动物、植物，有人喜欢矿物，各有所好。我为什么会喜欢树呢？原因有许多，特别是大树，我喜欢它们生长得如此缓慢。树能保持三四百年之长的寿命，而且成长的速度也很缓慢。

动物中的宠物无论如何都会被按照人的节奏训练，而野生动物长大后又很吓人。相反，我们可以靠近大自然中的树，与大树一动不动地静静待着也感觉很不错。

看着树木的姿态，我想起《庄子》中“无用之用”的话来。一位石姓木匠看见一棵巨大的栎树被祭为神树却视而不见，因为他知道，这种木材做船会沉，做柱子会被虫食，所以是棵毫无用处的树。可是这棵栎树出现在木匠的梦中，说了下面的话：

> 有用之树为果实所累，被拧断枝条或被砍倒使用，不能保全天寿，结果因自以为是的长处却缩短了自己的寿命。
>
> 而我即使没用也在努力生长。因为没用，所以无人有求于我，因此得以长成参天大树。这正是大用。

听了栎树的这番话，石木匠参悟了“无用之用”的内涵。

我对树木的这种意象有所了解后，感觉自己从事的心理辅导工作中有许多与树的意象重合的部分。心理辅导的工作并非像驯养动物那样，更像是等待树的成长。

调整好成长所需的条件，剩下的便是等待发现对方成长的可能性。如果因焦急而过度施肥，反而会枯萎，这一点也跟树很相似。因此我喜欢看大树的姿态，心想：它不知不觉中会不会渐渐变得“无用”呢？

扎根

上篇文章写了“树”，之后我又读了一些关于“树”的故事，对“树”的情感也愈加深厚。而正当我犹豫着要不要再写一次“树”的时候，见到了林宽子记者。林记者立即劝我“您继续写吧”，而她的名字里也正巧有个“林”字，令我哑然失笑。接下来，我又读了另一则关于“树”的有趣故事，心想如果作者的名字叫“森毅”就更完美了，但事实并非如此。

仅仅是想到这些事情，人生就平添了许多乐趣，可以毫无挂碍地享受一番。

我在这里想介绍的“树”的故事是美国作家艾萨克·巴什维斯·辛格（Isaac Bashevis Singer）所著、工藤幸雄翻译的《搬运故事的马》[1]。在这本书里，作者根据儿时的体验写成了 8 个故事，第一篇“故事大王纳福塔利与爱马思乌斯的故事”里就讲到了树。

主人公纳福塔利小时候就喜欢故事，并由爱读故事喜欢上了书，最终开了一家移动书店。因为当时镇上还没有书店，纳福塔利就让自己的爱马拉上装满书的马车四处转悠，一边卖书一边给孩子们讲故事。

虽然也有许多女人想和纳福塔利结婚，但他过着颠沛流离的生活，收入也微薄，所以一直单身，才年过 40 便显出老态。一天，纳福塔利被邀请到一户家财万贯且喜好读书的人家，那户人家的宅子里耸立着许多高大的柏树。

> 其中最吸引纳福塔利的就是立在牧场正中的那棵大树。纳福塔利从未见过如此粗大的柏树，树根伸向四面八方，看样子树根必定扎进了地下很深的地方。
>
> 已经厌烦了四处漂泊的生活——纳福塔利蓦然发现自己有了这样的想法。长年累月站在同一个地方、把根深深扎在神圣的大地里的柏树让纳福塔利羡慕不已。纳福塔利有生以来第一次强

①该书的简体中文版已由二十一世纪出版社出版，名为《给孩子们的故事》。——编者注

烈地渴望在一个地方落脚。

纳福塔利接受了这位有钱人的好意，在那里住了下来，靠讲故事度过余生。爱马思乌斯死了以后，纳福塔利在离那棵老柏树不远的地方挖了个墓穴，埋葬了它。

纳福塔利把马鞭插在那里，马鞭竟不可思议地化作一棵小树，长出了新芽，而且也是一棵柏树。不久纳福塔利也死了，依照他的遗言，他被葬在思乌斯墓穴附近的那棵小柏树下面。

纳福塔利的一生和树的一生形成了鲜明对比。树扎根于大地，一步也不动，渐渐长得枝繁叶茂；而纳福塔利不肯驻足于一处，不断在旅途中奔波。而且，树不能说话，纳福塔利能够说话。他和树完全是相互对照的两个生命。

但是他们也有共同之处，那便是“故事”。纳福塔利见到柏树的时候，心想：“真遗憾，柏树不能开口说话。若是它能开口，会讲出什么样的故事啊！”

那并不意味着柏树没有故事，正如马鞭变作了树，树也“藏”了一肚子的故事。也就是说，可以把纳福塔利和树看作一心同体：树扎根于大地，坚强地耸立着，长出枝和叶的“故事”，而纳福塔利则代替它在村庄里转悠。

正因为如此，他才能在漫长的旅途结束后回到沉静安然的大树身边，静静地迎接死亡。

现代人比纳福塔利繁忙几十倍地四处奔波，这期间能和自己共享“故事”的“树”却停留在一处并长大，如此这般，人最终才能在“树”下面安然死去吧。我希望自己的人生之路不要慌里慌张，把那棵“树”都连根拔起地四处奔波。

森林

本只是开开玩笑而已，我曾写道：接着上一篇和上上篇有关“树”和“林”的文章，如果下一次写到“森林”就有意思了。果然“森林”就奇妙地出现了。这并非是我自己发现的,而是戴上了“幸福的眼镜”的读者对我说:“老师，森林出现了呢！”我这才注意到。

他们指的是我最近出版的《临床教育学入门》一书的封面上的画恰是“森林”。其实这本书是“儿童与教育”系列中的一本，虽然和这个系列中其他书的封面颜色不同，但所有的画都是“森林”，而我竟没有注意到。这是安野光雅的画作，我竟糊涂透顶地说什么“安野先生画的树真不错哟”，名副其实地成了“只见树木不见森林”。

其实这书的封面上画了许多树，若模糊一下视线焦点来看，画面迅速立体化，看起来便是森林了。不愧是安野先生，真是了不起的画作。

看着这幅画，我开始浮想联翩。首先，这本书的书名有“入门”二字，关于这一点，我在后记中写道：

> 这并非一本针对业已形成学问体系之人的入门书，而是给今后将要完成新的学问体系的人提供一个入口，它属于这个意义上的入门书。

也就是说，通常所说的入门书，比如像大型美术馆式的指南书之类，其内容结构基本一目了然，虽然关于细节需要一一具体确认。而我这本入门书的作用类似于提示未曾踏入的“森林”入口，虽然我推测说，从那个地方进去的话大致会如此，但一切都还不太明了。因此，封面上的“森林”画带有一定的暗示性。

“临床教育学”是一门新学问。它具有许多特征，其中之一的要点是要重视每一个儿童，具体性、针对性地思考教育问题。如何改变教育制度？用什么样的方法可以有效教育众多的儿童？教育上值得研究的事情还有许多。但在临床教育学上，比如一个孩子拒绝上学，终归还是要以这个孩子为中心进行思考。如果孩子说讨厌学校，那就要沿着这个思路和他一起思考。或者如果孩子说虽然心里想去但还是去不了，这时也要沿着这个思路思考。也就是说，不要把大人的思维和方法强加于孩子，而应以完全尊重一个孩子的方式进行教育。

在说不能使用暴力之前，要先站在使用暴力的孩子的角度，思考他为什么会变成这样。对教师也一样，每个教师需要以自己的方式进行思考。如此针对个人进行干预，通过这个过程我们可以看见许多值得思考的教育问题。在这个意义上，我认为临床教育学是一门“通过个体达到普遍”的教育学。说到普遍的真理，我们太容易被集体性倾向或者集体范围的调查吸引，反倒疏忽了教育上最重要的对个性方面的关心。

我出于这种思考写了《临床教育学入门》一书。看着书的封面，我再一次认识到，因为我之前没有意识到封皮上是森林，如果过于被单独的树木吸引，便会产生看不见森林的缺陷。而且有意思的是，要想立体地看见这片森林，反倒需要模糊视线焦点。说到教育，我们会下意识地变得古板，但与其拘泥于单个问题，还不如偶尔模糊一下视线，也许更能看清楚事物的本质。我凝视着这本书封面上的“森林”，反省了许多，也思考了许多。

平成的幽灵

我曾在数年前以“幽灵”为题写过一篇简短的随笔，选取了山田太一的作品《和奇人异士在一起的夏天》作为参考，介绍了书里出现的一些了不起的幽灵。这次要写的幽灵也出现在山田太一的作品中，但和之前不同，这次介绍的幽灵更加恐怖，它是一个如实反映了我们现在生活的时代多么可怕的“幽灵”。

它出现在山田太一的作品《看不见的黑暗》中，只是我不知道是否该叫它“幽灵”。它是一个根本无法让人知道原形的存在，所以与其在这里对其进行描述，不如把阅读原著的快乐交给读者自己，况且它实在难以形容。

据说，目击这个幽灵的人会变得精神异常，甚至需要看精神科医生。听起来这似乎是臆想，但当你真正看见它的时候，“仿佛一瞬间自己的内在被拖拽了出来，感觉自己为什么执着于无聊的事物而远离了实实在在的东西。可是当你想诉诸语言的时候却又搞不清到底看到了什么。”这东西（人？）也太不可思议了。

据传，18 世纪的神秘主义者斯威登堡一天夜里见到了基督，而这件事他又“完全无法记述”。那么，这里出现的“幽灵”也许是神灵一样的存在吧？既不能命名为神又不能称之为恶魔。如果一个无法记述的存在突然出现在东京，它会出现在东京的哪里呢？

洋介是都厅清扫局作业管理科的科长，他曾经的部下、现任东京湾垃圾填埋场的事务科科长关田，夜里在填埋场“目睹”了那个神秘的存在。它出现在垃圾填埋场非常具有象征意义。从我们日常丢弃的“不需要的东西”里冒出令人大吃一惊、精神异常的存在，这和神或恶魔并没有区别。

洋介的妻子被另一个男人强烈地吸引着，那是一个怎么看都毫无魅力的矮小男人。据说她是被他类似于泥土气息的气质所吸引。这个男人似乎和出现在垃圾填埋场的神秘存在有着隐秘的联系。尾随妻子的洋介见状后气得发昏，从未打过人的他，把这个毫无抵抗力的男人痛打一顿，最后似乎打死了他。在“似乎”这一点上，洋介的体验和关田完全相似。要想把它当成“子虚乌有”，就不能不那样认为。

所谓“完全当成子虚乌有”，不就是垃圾处理吗？我们现代人是不是丢弃了太多东西呢？接到熟人的死亡讣告，只是一瞬间感觉“遗憾”，随后又埋头于当天必须处理的工作。就算参加葬礼，葬礼的仪式是不是也在尽可能地掩饰死亡带来的悲伤呢？也就是说，在把情感当作垃圾一般丢弃时，还要努力把葬礼装饰得“美丽”。

洋介背负着杀人罪过惶惶不可终日，而我们是不是也需要想一想，为了自己的存活而“杀死”了多少人呢？甚至多次“杀死自己”。当一个人占据了 5 个人都在争夺的职位时，是否可以说他杀掉了其他 4 个人呢？表面上说是为了出人头地而努力，其实却是“执着于金钱或地位之类极其无聊的东西，也无限远离了实际的生活”，于是让我们产生这种感想的东西从垃圾场中出现了。这不正象征着平成时代的现实吗？我不由地想：这个幽灵不就是真正的现实，而都厅巨大的建筑不就是幽灵吗？

借口

若有重要约会绝对不能迟到，就需要早早做好准备或者提前一点出门。明明从前一天就念念不忘“不可以迟到”，却因一个电话打进来，又聊得太投入，不知不觉忘掉了重要的约会。

迟到了就必须找个借口，总之不能说什么不小心忘了。

或者，有时候有重要的约会必须参加，却因为不便说明的原因参加不了。如果找个“我另有约请”之类的理由，又怕人家说“难道还有比这个约会更重要的事吗”。总之，解释、借口之类的东西不好办。虽然“你用点心，别弄出那种事”的道理说着轻巧，但生活往往不按常理出牌。

先不说自己应如何反应，暂且观察一下别人的方法吧，而且从这些方面还能全面反映出一个人的性格。一次，有位朋友参加一个重要约会迟到了，说："不好意思，我来晚了。不知怎么就晚了，抱歉。"这番寒暄也可以说有点目中无人，但当时等他的人都不约而同有一种爽快感，让人不可思议。这种解释与那人的性格有关，所以似乎不宜效仿，还是把约会的时间、地点和场合全部弄清楚吧。

最近我读了平安时代的一则故事，里面屡屡以梦为托辞。那时的人非常看重梦，甚至会按照梦的指示行事或以占梦为业，当然，有时梦也会被当作托辞。

例如在《源氏物语》中，源氏第一次看见紫姬幼年的模样便为之怦然心动，奈何对方太过年幼，他不知如何提起这个话题。见到紫姬的监护僧后，监护僧因大名鼎鼎的源氏到访高兴不已，赶紧开始说教人世无常。源氏表面上假装洗耳恭听，心里却已是急不可耐。等僧人话音一落，便说："住在这里的那位小姐是谁？我平时常做莫名其妙的梦，今天见到她突然对上号了。"僧人笑答："哎呀，这梦可真是出人意料。"于是二人谈得很顺利，源氏成了紫姬的监护人，把她带了回去。

僧人当然知道梦是借口，但又并不道明虚实，而是在与源氏的谈笑间表达了自己的意思，话说得非常圆滑。

在《颠倒物语》中，主人公会突然心血来潮跑到吉野的深山中，他也拿“做了不好的梦”当借口。听的人信或不信都不是问题，并不会因找了这样的借口让事情变得更错综复杂。

因为找借口不小心撒了谎，为了守住这个谎言又反复撒谎，最终无可挽回，有没有人有这样的经历呢？不管怎么说，在现代社会光天化日下“撒谎不好”，所以活着不容易。不过，如果脸不红心不跳地满口一戳即穿的谎言，便会让其失去信誉，这也是常见的事实。

平安时代的人笃信，换个方位即可保平安，于是一些人们为了避开走向不好的方位，就会去完全不同的地方而客居他处。这也是在巧妙利用托辞。现代人依然相信通过梦和换方位可求得平安，同时又具备通过巧妙利用托辞来圆滑处理人际关系的智慧，真是了不起。

当遇到想逃避的约会时，我也想找个借口说做了不好的梦，或者说那边方位不吉不能去，但我至今还没有这样尝试过。在现代社会只有找现代的借口才行得通。

独立的人

因为有学术研讨会，便在夏天去了一趟欧洲，趁机会得以和身在国外的好友们叙叙旧。交谈触及的多是在日本不怎么被思考的内容以及视角迥异的看法，于是引发了我诸多思考。我认为，哪怕只为这个理由出国也不错。其中有件事引起我一番思考，想在这里谈一下。

法学专家对这件事也许都十分清楚，在德国的离婚判决中，法官不得询问离婚理由。法官能问的只是二人之间还有没有继续维持婚姻的意愿。如果没有，就问问关于离婚的财产分割两个人是否已谈妥。如果是，就认可离婚；如果谈不妥，法官也只是说“那就再来一次吧”，根本不会考虑什么“调解”，自然也不会论及哪一方“正确”。总之就是要求当事人自己搞定一切。

于是很多德国人便叹息说："这规定全然丢失了伦理道德。"假如配偶一方发生了婚外情之类的事情，却根本不分给对方一点财产，要不要离婚也悉听尊便。在这种情况下，另一方也只能痛哭流涕地答应下来吧。这种时候法官也毫无用处，只要双方同意就说"可以"，根本没有正义和伦理可言。这便是这些人的观点。

不过很快又有人对此表示反对，这是西方人争论的特点。他们的意见是，这才是法律判决的进步姿态。把个人的意志和主体性放在第一位来尊重才是现代人的生活方式。像结婚、离婚这种与个人意志最密切相关的事情，想依靠他人的判断或接受国家裁决的介入才是荒谬的，这种事就应该交由当事人自由决断，这样才好。

于是，有一位男士问："那弱者该怎么办？"他反驳说："很多情况下正确的一方是弱者，所以保护他们是法律的责任，因此才需要法官。"另一方也不甘示弱："软弱的人不中用，让法律来保护自己的软弱这种想法，本来就是错的。自己的事情自己决断才是具有独立人格的人。鼓励每个人自己去努力，这样的司法制度才是'伦理'上的进步。

把这项制度原封不动引入日本会怎样呢？会不会有许多人反对呢？或许这样才会引起一场“伦理”大讨论吧。我并无意主张立即在日本推行这一法律，但我心想，不愧是德国人，干得漂亮。也许，时代的河流就是流向那个方向的吧？国家没有介入个人伦理的权利。

纵观古今，每个人都承认生活变得更加方便了，也可以说，个人权利基本得到完善了吧？但是难道不能说，本来人类为了生存单枪匹马就可以做的许多事情，如今因为分工细化被分解，表面看虽然生活方便了，但“一个人”生活的诸多体验也被剥夺了吗？

比如教育、安全、交通等诸多事情都交给了其他组织机构去完成，人们自以为要求他人做得更好是个人的权利，但是否可以说人们就是不完美的生物呢？是不是因此古代人体验到的喜怒哀乐到现代人这里就变得相当淡薄了呢？这种问题太复杂，还是交给国家解决吧。这就是一个人的理想吗？我在想，我们是否应该像德国人那样，为了让自己作为一个独立的人活着，收回那些寄托于国家或公家的事情呢？

第三部分

人活在各种关系中

生死轮回

日本平安时代的文学常常提到“生死轮回”，说生者死后还会再投胎到后世，但未必会投胎为人。

大概在发达国家中极少有人会相信轮回这回事吧？基督教中没有生死轮回这一观念，佛教的观点也不能一言以蔽之，而是根据时代、宗派的不同而变化。即便多半日本人是佛教徒，但现代日本人也不太相信生死轮回。但在我们小时候，如果吃完饭马上躺下，就会被告知来世要脱胎成牛。虽然半信半疑，心里却会觉得恐怖。

读《浜松中纳言物语》，主人公浜松中纳言的父亲转世成为唐朝的三皇子，于是中纳言专程赴唐见父亲。这篇故事讲述了许多转世的事情，并因此给人际关系增加了诸多线索。通常我们以为是“他人”，但一想到转世轮回，便不再是那么回事了。

据说《浜松中纳言物语》和《更级日记》可能是同一作者所写，并且《更级日记》中也提到了转世。其中有这样一则故事：作者的姐姐做了个梦，得知过世的母亲投胎成了她们饲养的猫。母亲告诉她们不能怠慢那只猫，否则会把她们的所作所为告诉她们的父亲，于是她们答应了。

尽管这听起来荒诞至极，但也不能简单地把它当作迷信而丢弃。

除了这些故事，我还听说美国有一种“生死轮回疗法”（Reincarnation therapy），可以为患有严重神经衰弱的人催眠，对他说“请回想一下你的前世”，患者就会开始述说看见的各种情景，说自己前世好像曾经是中国的学者，或者说在中世纪的德国做过工匠，并且能与自己现实中的烦恼和问题结合起来，最终恍然大悟。据说这样就可以治好神经衰弱。尽管有人说那种事真够蠢的，但在现实中，美国有人正在实施这一疗法，还在某种程度上取得了成功，但并非对任何人都适合。

为什么会发生这样的事呢？我想，揭开这种现象的钥匙便是人的“关系”。或许现代人过于希望通过“切断关系”来获得“方便”的生活吧。说得干脆点，要想开开心心享用牛排，就必须彻底放弃之前一切“与之相关”的东西，包括那头牛曾经的生活、照顾它的主人、杀它的人、烹制它的人，等等。发生交通事故，事故双方直接交涉很麻烦，而交给保险业务员或律师就能省去麻烦。生下了小猫小狗，便委托宠物保健所来处理。

我并不感觉这一切有什么不好，但如果一味热衷于切断关系，那么等蓦然发现自己彻底陷入孤独的时候，是不是就会感到极其不安呢？虽说病了有医生、肚子饿了去食堂，大家都可以方便地生活着，可是这样的方便是不是大大地冲淡了人与人之间的“关系”了呢？

这个人是自己父亲的转世，那只猫说不定是自己曾经亲密无间的人转世而来，而自己死了以后，也许也会转世成马……这样一想，“关系”就会变得无比复杂。过去的人是不是就是活在这么“复杂”的关系的支撑下呢？或许，因“丧失关系”而患了神经衰弱的人，正是通过寄情于自己的前世，才得以克服病症的吧。

总之，不能简单地否定古人的智慧。

礼物的价格

圣诞节时人们彼此间会送各种各样的礼物，但不仅是圣诞节，节日时送礼物总是很难的一件事。不能简单地说贵的礼物就好，但如果刻意节俭，就会显得寒酸。想找到对方真正喜欢的礼物，光花钱也不够，还必须花心思或者花体力。总之，如果不肯出力，事情不可能一帆风顺。

最近我读了一个故事，它生动地展示了什么才是最好的礼物，所以我想在这里介绍给大家。《厨房里的圣母玛利亚》的作者是茹玛·高登（Rumer Godden），译者是猪熊叶子。说到礼物，就把这本书当作圣诞礼物送给孩子们如何呢？

主人公格列高利是个 9 岁的男孩，他有个 7 岁的妹妹，名叫珍妮特。他们的爸爸妈妈都忙于自己的工作，而雇来帮忙的女佣也只顾自己，还接二连三地辞职不干，两个孩子总是感到很孤独。

然而，当刚步入老年的玛尔特来了之后，情况变了。玛尔特是个可怜的女人，因为战争，年轻时便被驱逐出乌克兰，所以她总是带着忧伤，连话也说不利索。不过，她用一种说不出的温和与善良包裹着孩子们，所以兄妹俩很开心。

自从玛尔特来了之后，厨房也渐渐发生了变化。虽然妈妈看到玛尔特放了许多东西，觉得不整洁，但孩子们却认为这样更好。他们感到“温馨愉悦”，而玛尔特却对两个孩子说，这样的厨房还是“太空荡了”。

玛尔特说起自家厨房里摆放的圣母子像时双眸闪亮：“每天要在画像前插上花，在小小的灯盏里点亮灯，灯盏的玻璃罩像红宝石一样红……虽然厨房里光线很暗，但灯盏和画却在闪闪发光。画上的脸也被照亮了，母亲和婴儿的脸庞看上去幸福而温暖。即使离开了房间，也能感觉到他们俩的眼睛还一直在看着我呢。”玛尔特一边说一边环顾那边的厨房，然后哭了起来。

十分喜欢玛尔特的兄妹俩想为玛尔特做点什么，可是玛尔特口中的“圣母玛利亚”可不是简单的画像。据说相框里的玛利亚身穿天鹅绒做的衣服，还戴了各种首饰。可是就算这样，兄妹俩也没有气馁。平时内向且极易打退堂鼓的格列高利和外向并善于与人打交道的珍妮特这对搭档开动了他们的小脑筋，反复“冒险”，一心想制作出那幅“厨房里的圣母玛利亚”。

兄妹俩料想这应该是一幅“圣像”，便进了一家昂贵的珠宝店，找到了看上去不错的一幅。珍妮特不小心说出“带了 30 先令”，遭到了店员冷笑:“这个要 438 几尼（一几尼相当于 21 先令）。”兄妹俩羞愧难当，飞奔着跑了出去。

不仅如此，这次“冒险”外出暴露了，格列高利被爸爸惩罚暂停零用钱，真是祸不单行。

圣像没买上，钱也没了，格列高利陷入绝望，但珍妮特鼓励他说:“想想办法嘛！”于是，他们想了各种解决办法。在书里，两个性格迥异孩子的奇妙组合、孩子的认真努力以及开动脑筋的美好，希望读者一定读读原作去体会一下。

终于，“圣母玛利亚像”完成了，一家人齐聚一堂，请玛尔特来欣赏。“没有人听得懂玛尔特说的话，但就连珍妮特也明白那是感谢和赞美，那是歌。”妈妈也感动得哭了。一件礼物不仅将玛尔特和孩子们联结在一起，还起到了将一家人联结在一起的作用。

珍妮特很感动，说那幅画比珠宝店里价钱昂贵的艺术品要好太多。这件礼物的价值是不能用金钱来衡量的。

共鸣的灵魂

又到了新的一年。去年艰辛多舛，今年又会是怎样的一年呢？虽然无法预料，但我想大家对教育的关心度会不会提高呢？因为去年发生了诸多事件，所以越来越多的人呼吁必须重新审视日本的教育。我最近读了东京大学佐藤学教授所著的《学习：死亡与再生》，这本书给了我许多关于教育的启示。我来介绍一下其中给我留下深刻印象的一段内容吧。

少年S在儿时患有多动症，会无缘无故地在教室里乱走。老师终于忍无可忍，把他赶出了教室，S便跑去后山玩耍。

然而，S升入中学后出人意料地取得了好成绩。尽管他居住在濑户内海的一个小岛上，却走出岛屿，升入外面的高中。

可是，他因为在新学校没有朋友而不合群，反复与老师对抗，最后连课也不上了，有时跑到图书馆去读书，有时又跑去音乐室弹钢琴或玩其他乐器，不久成绩就掉到了最后。

不仅如此，S 还为脸红、口吃、说不出话等各种神经性症状而烦恼，打算从高中退学，想回岛上的家，渡船却因为台风停航，S 无法返回，于是便一个人去音乐室闲逛。

当时，音乐教师 Y 老师问他要不要一起听一下巴赫的无伴奏小提琴组曲中的第二首《恰空舞曲》的唱片。“那种令人震撼的声音体验，只能用灵魂的升华或者解脱来表达。这位伟大作曲家的作品给我一种堪称敬畏的排山倒海般的感动，把我狭隘的心灵密室击得粉碎，并把它溶解在宇宙的辽阔中。”S 后来反复述说着当时的感受。

听完唱片，Y 老师问 S 要不要当音乐家，因为他知道 S 虽然不去上课，却对音乐感兴趣。对此，S 虽然感谢老师的好意，却说：“这个还没有想清楚，但我突然决定希望将来从事教育方面的工作。”

从此，S 作为班里的差生开始发奋学习，并在后来如愿以偿地从事了教育工作。这位 S 其实就是我一开始介绍的佐藤学教授。他是东京大学教育学部的教授，在课堂研究方面颇有创意。我和佐藤先生曾一起进行课堂研究，为他那始终如一投向厌学或对课堂提不起兴趣的学生的温暖的目光而感动。如今得知他的那段经历，恍然大悟。

这个故事还有一段重要的后续。从那之后又过了 25 年，佐藤先生得知 Y 老师退休，埋头写下对那段回忆的感谢信并寄出。一周之后收到了 Y 老师的回信，佐藤做了如下记述："当时 Y 老师也正为迷失了教授音乐的意义而烦恼，他在中断教学生涯的诱惑中心，怀祈祷地摸索和学生共享音乐的道路。"

Y 老师并非为了让学生 S 变好才让他听音乐，而是为了自己的"祈祷"播放了那段唱片。关于这一点，佐藤先生说："老师和我在以《恰空舞曲》为媒介的深深的沉默中，不可思议地交换着象征性体验，这可以说是偶然但又并非偶然。在共同祈祷的人之间产生了邂逅，真像是一次已经准备好了的象征性体验。"

这段佳话不正好告诉了我们教育方面最重要的东西吗？ Y 老师并非想要"教"什么。为了治愈自己的心灵，他心怀祈祷，希望和某个学生共享体验。恰在此时，最需要治愈的学生出现了，他们俩感受到了灵魂的共鸣。这不正是教育的真谛吗？

一家人的心灵羁绊

那次阪神大地震之后，匆匆又是一载，当时去神户时见到的受灾情景至今依然不能忘怀。在这一年之间，灾民们为复兴做出的努力令我敬佩。

也是因为我出身兵库县，便通过兵库县的教育委员会在灾后的“心理援助”方面略尽了绵薄之力。

灾后一周年之际，我参加了兵库县教育委员会主办的“祈愿灾后复兴”的纪念研讨会。不是祈愿从灾害中恢复、回归，而是“复兴”，我从中感觉到了一股向上的力量，希望汲取灾害中所学，创造出更美好的东西。

当时我收到了一本《阪神·淡路大震灾作文集》，这是一本学生所写的震灾体验的作文集，阅读中我不时被那些充满真挚情感的语句打动。下面是县立兵库高中三年级学生森本米纪同学的作文：

> 越是“天经地义”的东西，越是金钱买不到的。一家人围坐在明亮的灯光下吃着热气腾腾的晚餐；准备英语测验，然后洗完澡，进入甜美梦乡；坐上电车，穿过校门，跟朋友道“早安”这样的“天经地义”竟是如此宝贵。而且，它又是如此脆弱和飘渺。金钱可以买到奢侈的生活，而如今，我们的“天经地义”任凭多少钱都买不到手了。

森本同学以“等我们的‘天经地义’回来之后，我要感谢每一天，我要一直把它的可贵传达下去”结束了这篇作文。这篇文章让习惯天经地义地生活着的我们感受到了活着的分量。

通读这本文集，另一篇引起我注意的作文写的是人与人之间心灵羁绊的重要性。县立东滩高中一年级的学生竹田幸代的文章里有这么一段：

> 一个跟我从未说过话、看上去好像让人害怕的人其实十分善良。我希望不要再发生这样的

地震了，但它让我重新认识到被现代日本人遗忘的“善良”，所以我对地震也略存感谢之情。

地震教会了她“善良”，但这无法替代可怕。芦屋市立清道中学三年级学生中岛香代子对妹妹的死的记述，传达出一种庄严的悲伤。

我所属的日本临床心理师协会及日本心理临床学会一直致力于心理援助，遂集结其中经验，出版了《唤醒心灵：治愈心灵创伤的灾害心理疏导》一书。

震灾之后，连新闻界都热切关注并谈论起创伤后应激障碍（PTSD）。

我曾怀疑，如果从日本人的心灵羁绊来考虑，是不是患创伤后应激障碍的日本人要比欧美人少？看了这份报告后，似乎确实要少一些。

我们应当关注的是日本人独特的创伤后应激障碍形式，即并非个人苦恼于“症状”，而是因为一家人都带着心灵羁绊作为一个整体抵挡灾害，所以会以家庭间小摩擦的形式外化出来，顺利克服这一障碍也很重要。

每个人都会在灾害中受到某种程度的伤害。与其个人去承受并苦于某些症状，不如说苦恼和伤痛有时是被抛向一个家庭，家人要靠心灵羁绊彼此相互搀扶。不过，心灵羁绊也可能会在困难时增加彼此的争执，反而会使伤害加深。

我读了这些文章后发现，人们在地震中所学匪浅，希望能够以此为精神食粮，走向复兴。

妈妈

日本放送协会有一档电视节目叫《智答日本人的问题》，专门回答观众在投稿中提出的问题，但无论是提问还是回答都充满着奇思妙想，十分有趣。

前几天就有个问题令人吃惊："蝙蝠通过高频音波进行信息交流，人听不见。但如果把它变成人能够听得见的波频，又会是什么呢？"

尽管我们知道蝙蝠是通过发出高频音波进行信息交流的，但若说把它的波频调到人耳听得见的范围内，我们就能听得懂了，未免是天方夜谭。

但看过这期节目后发现，蝙蝠宝宝呼唤母亲的"声音"听起来很清楚是"妈妈"的发音，这太让人吃惊了。蝙蝠母亲听到呼唤声便会飞过去。

这一发现再次让我感受到了“妈妈”这一余韵所具有的深不见底的力量。“mama”容易发音，也带有一丝撒娇感，所以外语中多有“mama”“mami”之类的发音，日本人也有许多家庭采用这种称谓。想不到蝙蝠也在使用“妈妈”这个发音，这真是不得了！

接下来我给出的是小学三年级学生菅井百合子作的一首诗。

“妈妈”“妈妈”
任凭说上多少遍
这也是个美好的称谓
我也会
变成妈妈的呀
哎呀
我可不会像妈妈那么胖的哟

要是蝙蝠宝宝作诗，或许也会作出这么一首。“任凭说上多少遍，这也是个美好的称谓”，蝙蝠也会完全感同身受吧。

当今，如日语中“恋母情结”“教育妈妈”[①]这类新词显示的那样，对母亲的评价多带贬义。诚然，过分溺爱无论是对母亲还是对孩子都容易令人不快。从前的日本绝对肯定母性的光辉，导致今天的反弹也是理所当然。但听到蝙蝠宝宝一声“妈妈”后感动得无以复加也是事实。

刚才的诗引自日本童诗研究会编写的《妈妈》一书。这本诗集汇编了1959年至1962年连载于儿童诗杂志《骐骥》上的作品中有关“妈妈”的诗作。孩子的眼睛温情而敏锐，这首诗今天读来依然十分美好：

脂粉

妈妈脸上有一块斑

那是烫伤

可是涂上脂粉

便会隐隐消失

可我依然觉得

不涂脂抹粉的妈妈更美

“不涂脂抹粉的妈妈更美”，这句话很好地表现了孩子对妈妈的深情。“烫伤”一词可否理解为家长的缺点

① “教育妈妈”在日语中代指“过分紧张孩子教育的妈妈”。——译者注

呢？不管缺点有多大，孩子依然喜欢“不加修饰”的妈妈。可见妈妈与孩子在一起时没必要浓妆艳抹。

最后我还想再推介一首诗。

好想知道

我好想知道
爸爸和妈妈
为什么会相爱

好想知道
他们是相亲认识
还是自由恋爱

好想知道
为什么他们明明相爱
却总是争吵不休

物语

最近我对物语着了迷。

我在《世界》杂志上和村上春树先生做过对谈，当时的题目是“人们通过‘物语’治愈了什么？”最近又付梓出版了《物语与不可思议》一书。两本书似乎都得到了如潮好评，令我欣喜。

直到前不久，人们对物语的评价还不怎么高。特别是说起“梦物语”之类，因为它们都是空穴来风，于是和“不可信”成了同义词。然而，我始终很重视梦和物语，并且在大学里以“探究真理”为志向，为此也颇吃了点苦头。

因为相信只有被“科学地”发现了的事物才是真理，所以认为物语之流都是假的。这一偏重自然科学的倾向也给文学带来了影响。自然主义文学纯粹而高尚，而物语性质的东西就属于低级，这一风潮经久不减。

然而最近，我对物语的评价开始发生了很大的改观。我认为村上春树先生的新作《奇鸟行状录》也是带有许多物语成分的杰作。正因如此，才有了文章开头介绍的对谈。

过去，物语的叙述形式与自然科学形成了鲜明对比，但在现代，两者却出人意料地接近了。

最近我有机会听到中村桂子女士的谈话。她主张“生命志”这一称谓比“生命科学”更能贴切地表达自己的工作性质。

中村女士是行走于生命科学前沿的优秀科学家。她为什么要刻意地称呼自己的工作为“生命志”呢？在听了她的讲述后，对这个问题产生疑惑的我也豁然开朗。

生命极其不可思议，竟能从一个细胞进化成人。这一课题的研究有两大特征：其一是目前我们能够了解到的生命现象仅限于地球，无法和其他星球做比较；其二就是研究生命现象的人，本身也属于生命的一部分。

比如人研究石头时，他可以拿各种各样的石头进行对比调查，且不会认为自己是石头这一现象的一部分，而是能够把石头作为明明白白的对象来研究。这样对石头进行科学性研究，便会得到客观的研究成果。

与之相比，研究生命现象就不是这样，所以才会成为“志”，也就是讲述生命。这就是中村桂子的思考。

听了之后，我感觉或许也有将人或者人的心灵之类进行一般化思考的方法，但我仍希望把所见之人的人生和他的心灵作为唯一的、与其他东西无法比较的事物来理解。

听着中村桂子的讲述，我并不是把哪个“人”看作“对象”，而是和她产生了深厚的共鸣。因此，比起“科学”，我更关注“物语”。

这样说来，我明白所谓“物语”在讲述之人和物语内容之间有着深厚的联系，说起来就是那个人自己的物语。当然，自然科学有着果敢地切断、抛弃这种关联来看待事物的特征，这也非常有用。

话说与生命有着深切联系的“性”又是怎样的呢？因

为有艾滋病存在，便教给孩子们性方面的科学知识，进行“性教育”。于是我想：这样考虑是不是太性急了一点？孩子们自有他们自己的视角，当他们把“性”当作自己的事情来看待时，又会从中产生怎样的物语呢？人们完全忘却了从这一角度思考这个问题。西方过去有仙鹤送子的传说，而通用于现代日本的“性物语”，又应当怎样理解呢？

孩子的权利

前些日子在熊本大学召开的日本少儿科学会学术大会上，我应会长松田一郎先生之邀，以“如何理解孩子的心灵世界”为题发表了公开演讲。这是超过 2 000 名医生参加的大会，我深感荣幸。但我想，这也是因为以松田先生为首的儿科医生们十分重视行医过程中对孩子心灵的理解，所以他们才会打起精神前来参加。

这次大会在我之后演讲的是美国医生兼法律学者艾伦·克林顿博士，题目是“在医疗中应考虑的孩子的权利”。这也是我很感兴趣的话题，便认真地接着听。

克林顿博士用英语演讲，没有同声翻译。正当我感慨日本的儿科医生竟全都懂英语时，却看见前方的大屏幕上用日文翻译了演讲的要点，这样我也就完全能够听明白了。

克林顿博士的演讲清晰明了，而且举出了具体的实例，非常易懂。比如，有个少年患了癌症，痛苦得难以忍受，而其父母依然希望施以积极的治疗，这种时候，医生该怎么办呢？

还有更让人吃惊的例子：妊娠过程中发现胎儿患有无脑症，医生劝说引产，可是母亲却带着强烈的希望产下孩子，依靠呼吸装置坚持治疗数月，甚至切开婴儿的气管进行治疗，这样的事又该怎么看待呢？

听了克林顿博士的演讲后我了解到，美国人为了保护“孩子的权利”付出了无法想象的努力，十分佩服。克林顿博士对日本也抱以理解的态度，但美国学者中或许也有人质疑日本到底有没有“考虑孩子的权利”这一思维方式。

美国的孩子是幸福的，我想这样说，却又不能仅仅这样说。实际上，我记起曾在美国听到的一个儿童心理咨询案例。这个孩子的父母离异，他与母亲一起生活。后来这位母亲为了和其他男人同居，离家出走丢下了孩子。

这种时候，孩子会产生种种“问题”，也是很自然的吧？但令我佩服的是，这个孩子来到我的心理治疗师朋友那里后得到了很好的恢复。这是否可以说，经历的灾难越大，从中恢复的力量也越强呢？美国的孩子承受了日本孩子无法匹敌的“锻炼方式”。

在这次赴美之行中，我遇到了许多因父母离异而遭遇悲惨经历的儿童。因职业缘故，我常听到这类话题。这一次，我不能不思考“孩子的权利”了。

自然，成年人有追求自己的幸福、再三离婚或再婚的权利，尽管他们未必能因此得到幸福。家长的权利暂且不论，这种时候孩子的权利该怎么对待呢？孩子明确向父母表达“我讨厌你们离婚”的权利得到了多大程度的保障呢？

为了让不和孩子一起生活的一方家长在离婚后也能尽到家长义务，美国法律规定了各种细致条款。表面上看，离异后的父亲为了尽到父亲的责任前来看孩子是好事，但我们通过实例了解到，其实这种时候，孩子会因复杂的心理纠葛而痛苦。

人们主张各自幸福生活的权利是好事，但却为此制定了越来越细致的“保护”权利的法律，并为此大费脑筋，花费大量金钱和时间。这真的是一种进步吗？我希望，在这个过程中不要忘记“一个孩子的真正幸福是什么”。

乡土之爱

我拜访了因绳文遗迹闻名的青森县三内丸山。因为很久之前我就渴望一睹此地，所以当国立民族学博物馆的小山修三教授计划在某周刊杂志上做对谈时，我欣然应允。我对日本文化很感兴趣，一直渴望了解日本人的起源，相关的遗迹和出土文物也完美得超出预想。这里我想提出的是，在这次旅途中所感受到的人的“幸福”，也是关于生活方式的感想。

因为机会难得，看到三内丸山遗迹的翌日，我去看了著名的弘前樱花。我基本不喜欢“见物”[①]，到某地演讲也多是一结束便立即返回，或者利用余下的时间做点自己想做的事。把时间浪费在无聊的闲谈和社交辞令上会让我感到不快。

①“见物”为日语，意为“游览”，与下面的“见学”，即参观学习相对应。
——译者注

不过是个例外，“见学”自不必说，“见物”也颇令人愉快。这是为什么呢？我想，或许是因为我所见到的人正痴迷着什么吧。用了“痴迷”一词，未免有点强加于人，令人不快。不过，当深深痴迷于某物时，强加于人的感觉便会消失，而痴迷于某物的人的笑脸实在很美好，以至感染了我。

弘前樱花很美。我之前也见过许多地方的樱花，包括华盛顿的樱花，但弘前的樱花之美是绝无仅有的。吉野樱花名不虚传，因为是山樱，所以别具一格。弘前的樱花几乎都是染井吉野，所以和吉野樱花大相异趣。弘前樱花令我吃惊之处在于树龄之长。据说，染井吉野树龄很短，也就 30 年的样子。我生于丹波筱山，城下的樱花让我引以为傲，但听说树龄很短，难以很好地持续生长。可是弘前樱花却相当古老，有的树龄也已有百年。

这全赖迷恋樱花的人们精心照料之故，据说弘前樱花的“树医”闻名全日本。老干虬枝的美丽带来别样的风情，背后却是对樱花无比热爱的人们的奉献，而弘前人也以之为傲。引导我们参观的人和我们去吃午餐的料理店老板娘都不无偏爱地认为“弘前樱花日本第一，因而也是世界第一”，这种情感扑面而来。樱花确实美，而这些人自豪的笑颜之美同样是日本第一。

痴迷于三内丸山的人很多，从事遗迹发掘的人自不必说，来这里工作的还有许多志愿者。我得以见到他们的负责人，得知志愿者原有各自的职业，却以志愿者的身份为三内丸山遗迹相关的文化事业奉献力量，还组建了三内丸山绳文联络处。

看到这些就会明白，人并非只有赚钱或取得社会地位才会幸福，做自己热爱的工作也会感到幸福。

我感觉在青森县接触的这些令人愉悦的人是通过共同的“乡土之爱”联系在一起的。这和往昔所说的老套的爱国心不同，他们有着完全扎根于“泥土”的自然与温暖。现代交通越来越便利，人们可以四处走动，由此带来的好处很多，但联结于土地的乡土之爱是否渐渐失去了原有的味道呢？幸福有各种不同的味道，和保持着与土地的联结并因此而幸福的青森人在一起，我感到十分快乐也是自然。

拥有所爱之物、痴迷之物会让人幸福，但倘若把它强加于人或过度沉溺，则可能给他人带来困扰。经常出国的我感到了对日本的“乡土之爱”，那么，我的乡土之爱达到了什么程度呢？

幸福的条件

人想要感知幸福的条件有许多，但我最近感到有两点非常重要，它们分别是:（1）能够对未来抱有希望;（2）能够感觉到与超越自己的存在保持联系或得到其支撑。

物质匮乏或者亲近的人死去时，即便遭遇这样的不幸，若依然能抱有以上两点信念，便可称为幸福；反之，即便物质丰富、拥有一定的社会地位，若不具备上述两点幸福的条件，似乎也难说是幸福的。

当下的日本，很多人无视这两点，过于将目光转移到其他事情上。即便自以为是在为了幸福而努力，也会感到莫名不安、焦灼，过着难以称之为幸福的生活。

最近我去了趟中国。去国外时，当地人的生活方式会引起我的注意。因为我的职业与人的生存密切相关，所以我想知道其他文化背景下的人的生活方式是怎样的。为此，我必须相当程度地深入当地人的生活，和他们敞开心扉交流，而这次也很幸运地得到了这样的机会。虽然有点失敬，但还是在我提出各种问题请对方回答的过程中做了如下思考。

看到现代的中国人，我首先感觉到的是他们的生机勃勃。中国大约不会发生儿童自杀事件吧？这是自然，毕竟所有人都对未来充满希望。中国人在物质方面尚可，但中国人仍满怀希望地努力追求着更富裕更便利的生活。因为临近日本这样一个国家，有利之处便是有一个具体的目标存在于身边。

不过，得到幸福的第二个条件又是什么样呢？日本人偏于“无宗教”，但许多时候感觉还是受到自己所属的“立场”支撑着。日本人有“集体主义”倾向，其实这是个招致误解的词。无论是伙伴关系还是职场关系，都会形成一个“场”，感到自己属于其中便会安心。因此，日本人注重“交往”，留心“体察”场内人的心情。

我想，中国人在这方面靠的也是源于血缘关系的家族，并且以此作为心灵的支撑。或许可以说，韩国人直到现在也是如此被支撑着。自己属于“× × 家”，这一点非常重要。日本也有这一倾向，但是日本人会收养养子，不一定会拘泥于血缘关系。而且据说在中国，这种“家族”的意义也正在急剧淡化。没有宗教信仰的话，面对人的死亡，虽然会举行告别仪式，却可能很少有人思考死者的“灵魂”这类问题。

漫长交谈后的第二天，我去了博物馆，得知陈列在那里的许多古老而庄严的人像都是从墓地中挖掘出来的，也就是说，对一个人的死亡曾经要花费这样大的财力和劳力。接受“死”这一事实对人来说非常不容易，需要独特的想法和摆设等。于是，及至死后，在和支撑自己的神祇之间的关系上，人也可以安心立命。

有这样传统家族观念的中国人在活着的时候几乎很少思考“死”，至少回老家这一行为似乎仍留有强大的遗风。于是，他们被身边看得见的希望支撑着，这给了他们相当的活力。

今后的中国到底会怎样变化呢？或者我见到的完全是

表面现象，也许存在现代中国人并没有意识到的“支撑”在背负着悠久的历史而绵延不绝地存在着吧。日本人对此又如何理解呢？这真是一次令我思索良多的中国之旅。

不一样的校长

认为日本的教育必须有所改变的人越来越多，尽管在极力追赶欧美这一目标上是统一的，但在当今日本在国际社会独树一帜的时代，人们越来越认为有必要向更注重个性教育的方向发展。但是这很难，几乎等于从根本上改变日本人的生活方式。

日本中央教育审议会上讨论了以上问题，并提出“最重要的应是教师的改变”。如果教师不大幅度转换脑筋，“个性尊重”也只能沦为口号。也许是因为这个原因吧，我经常收到参加教师研修演讲的邀请。虽然感谢他们的好意，但我大都拒绝了。因为演讲很容易成为相同内容的重复，我自己也会因此逐渐成为固化的人，导致荒废正业。因此，当收到关东区小学校长的演讲请求时，我也不得已表示了为难。

可是前来拜托我的校长却说:“这不是演讲。”他表示，现在小学校长们有许多问题。我在讲台上演讲时，不光校长会对我进行各种提问，同时也会请坐在下面的人不断参与进来。我针对这些问题现场作答。对这样的约请我颇为动心，心想这不是很有趣吗?

提起校长，诸位会有什么样的印象呢?为了维护学校的规章变成“死板”之人?尽量依循先例，希望不出现太大过失坚持到退休?大家会不会这样浮想联翩呢?其实这些校长们可不一样。说起“研修”，很容易让人想到听听优秀老师的讲话就结束，但这次校长和老师们却带着教育问题在现场“相互碰撞”。我能想象出他们想要创造新的研修形式，这令我欣喜，所以决定接受下来。

也可能恰好轮到神奈川县，我面对的是川崎市立京町小学的齐藤校长。除了齐藤校长的问题，下面在座的其他校长也提出了现今日本小学面临的困难课题。他们说，小学二三年级的学生就反抗老师，和过去孩子们乖乖听老师的话完全没法比。再者，家长们对应该在家庭里进行的教养也完全置之不理，而恰恰是这些家长动不动就要追究

“学校的责任”，大吼大叫，等等。

听到这些，我首先感到高兴的是“校长们正在改变”。日本的教育模式是将教授者与被教授者清楚地分开，被教的人认真听取并遵照被教授的东西，教育以上意下达式进行着。但我已经讲过，尊重个性的教育，就是越来越重视教授者与被教授者带着各自的思考进行对话这样的方式。

当然，对校长而言，这也可能是初次尝试，而且并非一切都能追求自由，保留某种程度的“死板”也是不得已而为之。但倘使校长能以如此灵活的态度运营学校，那么老师们是不是也更容易个性化地展开行动呢？这实在是值得期待的事情。

想出这样划时代举措的校长们很了不起，但使之成为可能的原动力之一，是不是正在于提问过程中暴露出来的日本教育的危机意识呢？这样说来，也可以说“反抗”老师的孩子们，才是日本教育引入“对话”方式的诉求者，并将其拓展为这种研修活动的原动力。我想，我们必须对此有所反应，努力展开教育中的“对话”。

体育与德育

上一篇是关于校长正在改变的话题，之后我又见到一位持独特见解的校长。我就职的国际文化研究中心隔壁有所桂坂小学，那所学校的村田校长又一次造访，说难得学区内有这样一所研究中心，希望能活用到对孩子们的教育上。

他也提出，希望研究中心的教授到小学里上一次“课”。我觉得颇为有趣，和同事一商量，研究中心的教授们也有不少人赞同。于是我们决定先由 4 个人为六年级学生上课，并由前研究所所长梅原猛先生打头阵上“社会课”。

我本想上数学课，因校长好不容易抱着打破常规的想法前来相邀，于是决定一鼓作气上一堂“道德教育”。我问“可有什么教材”，校长说《珍爱生命》里有篇文章《站在太平洋上》，写的是德川时代日本人救助那些从西班牙遇难船只上游到日本的人。

说到道德教育，若是千篇一律地让学生读教材上的文章，给他们看电视节目或影像，最后说“让我们珍惜生命吧”，无论是孩子还是老师，多半都不会留下什么印象。我以前就想尝试打破这种模式，便毅然决定正好这次挑战一下。

首先，在这次道德教育中，影响到每一个人很重要，我心里明白这一点，但怎么讲却毫无头绪。即便对小学生谈什么“全面性”理解也不可能被理解，于是我突发奇想，决定活动“身体”，让学生们穿好运动服在体育馆集合。我想要打破常规，而心灵与身体彼此连接着，所以我利用这一点，让学生在开始上课时做中国气功中的一个动作：从脚底提吸气贯通至头（当然只是通过意念）。只要让他们感觉“不同寻常”就可以了，我把它作为授课的开始仪式。

然后，我朗读了《站在太平洋上》并进行解说。为了让孩子们真实地感受到去救助那些头发和眼睛颜色都与自己不一样、而且语言也不通的人时有多么恐惧与困难，我把孩子们分成两拨，分别扮演漂流而至的外国人和救助他们的日本人。不过这对孩子似乎难了点，因为小学六年级学生出人意料地对异性和身体的意识很强烈，他们对男女混合进行这种表演似乎十分抵触。

于是，我把他们按男女分开，两人一组背靠背坐好，让他们体验彼此间的情感交流程度和得知对方还“活着”的强烈真实感受。在真实感受这样的“生命”之后，我问他们，如果搭档的孩子突然死亡会怎样？接着我朗读了一首小学六年级学生写的诗，诗中描写的是哀悼先前在阪神大地震中失去同学的感受。这首诗保存在兵库县教育委员会编纂的震灾记录中，非常打动人。

按以上所说，道德教育课大致以这种形式进行。我认为，失败之处在于角色扮演太难，毕竟六年级学生的身体意识出人意料地强烈，这些地方没有按照预想顺利进行。因为是第一次尝试，而且冒了很大的风险，所以我觉得做成这样就已经该满意了，于是便对当日前来采访的新闻记者表示只能给自己打 70 分。

过了一段时间，小学送来孩子们的感想文，很多孩子都说道德教育课竟然在体育馆上“让人吃惊”“很快乐”，也“很有趣”。我想，仅是如此也是有意义的。

也有的孩子说以前乘公交车时，一位老奶奶上了车，本想让座，最后却装作视而不见，下次一定要坦诚地让座，等等。读了这样的感想，我也感觉自己的意图似乎达到了，但还是切实感受到在实际生活中教育小学生的难处。这次是 70 分，如果再有机会的话，希望朝着 80 分努力。

心灵与身体

每个人凭经验都知道心灵与身体存在某种联系，但如果问它们在何种程度上怎样发生关系，就没人明白了。况且现如今人们应该提前了解的知识太多了，这就不可避免地把重心放在了知识的获得和知性理解方面，而身体运动很容易被忽略。话虽如此，现在关心身体健康的人其实也在大大增加，因此各种健身法也盛行起来。

我听到一件十分有趣的事，想给大家讲讲。话题并非关于那种与心灵分离的“身体”，而是关于与心灵紧密相连的“活着的身体”。

日本临床心理学会在上智大学开幕，我也参加了。从国际视角思考日本临床心理的研讨会由上智大学的小川捷之策划。其间经常来日本、在日本临床方面经验丰富的罗伯特·鲍斯纳克、阿努尔德·门德尔两位博士和我进行了探讨。

门德尔对心灵与身体的关联十分感兴趣，他通过观察分析前来交谈的人边说话边表现出来的动作举止，就能给对方令人惊愕的启示和忠告，在这一点上他堪称天才。对因烦恼前来咨询的人，他要求他们不要通过语言，而是用自己的身体来表达，并从中找出对策，实在是高明。

我问门德尔先生："日本人的心理特征都有哪些？"他给了我一个出人意料的回答。他说，通过身体表达自己的烦恼和内心世界方面，"很少有像日本这样具有创造性的国民"。门德尔先生说着站了起来，开始在讲台上现场演示。在研讨会上他也会这样即兴表演，这是他别开生面的一面。

比如，有人咨询说心里无比纠结，有什么东西在阻碍自己做想做的事情，门德尔先生就会马上要求他用肢体表现出在心里阻止自己的东西长什么样。于是，几乎所有人都会摆出拳击的姿势，不断挥拳相向。如果要求他"更多地表达"，他就会打得越来越激烈。

不过，就日本人而言，确实是拳击型表现多了些，但又不仅仅如此。据说，虽然他们是握紧拳头打，但是之后会张开手，手指开始活动，做出各种各样精妙的动作，表现出出人意料的肢体倾向，门德尔从中可以得到很多启示。门德尔甚至说："很多日本人是不是都可以成为具有独创性的舞蹈家呢？"

我对此很是惊讶。因为在国外生活时，我强烈感觉到日本人大多举止呆板笨拙。在美国和日裔二代们交谈时，曾经有人对我说，仅从走路方式上，便可以从远处立即判断出是不是日本人。比较日本和其他国家的政治家演说时的肢体语言，肯定也会有同感。

日语中有"身"一词，它不仅仅表示身体。说"感同身受"时，不如说这个词意味着心灵，甚至于灵魂，其覆盖范围广且模糊不清。但是，欧美人的身心却是明确分离的。

是不是可以认为，因为日本人有如此不可思议的"身"，所以在社交场合等与意识表层相关时，身体语言便不那么流畅自如，而在门德尔研究的那种与深层意识相关的领域里，"身"的作用就会骤然丰富？为此我想在与心灵相关的身体机能这一点上，对日本人再进行一些详细的思考。

Culture Rich

估计读者当中很少有人听过“Culture Rich”（即“文化丰富”）之类说法吧？实际上，我也是最近去美国时第一次听说这个词，比如“今天的心情很 rich”这样的表达。“Rich”一词也进入了日语，意为“丰富的”。我想，美国之前也没有“Culture Rich”这个词。但这真是一个极好的说法，所以决定在这里介绍一下。

我应美国箱庭疗法学会之邀参加了洛杉矶和明尼阿波利斯的箱庭疗法学术会议。虽然只逗留了短短 10 天，却感觉到美国人十分关心文化差异。迄今为止，他们总有一种欧美文化中心的优越感，现在却很好地理解并尊重与自己相异的文化，并希望据此使自己的生活方式变得更加丰富。我感觉他们这一心态在对待迄今一直被其忽视的美国印第安文化上表现得尤为显著。

也因为这层原因，箱庭疗法学术会议设置了“文化与心灵”的主题研讨，主讲人有我、明尼苏达州箱庭疗法学会会长格林拜尔博士，还有以心理治疗师身份在明尼苏达州营业的片山京子女士。

我谈了自己在30年前第一次踏上美国土地时，在文化冲击体验中对日美思维方式之差异进行的思索。接下来，上述两位站到了话筒前。令我深受感动的是，他们都坦率地讲述了自己的个人经历。格林拜尔博士讲述了自己作为犹太教徒生活在美国基督教徒之中的经历，那自然不会是一帆风顺。我还是第一次听犹太人这样讲述自己的体验，深受感动。

接下来，片山京子女士讲的是作为父亲是美国人、母亲是日本人的自己在日本的成长经历。她讲述了混血儿成长中的痛苦、自己如何来到美国，以及见到父亲的经历。她的话回荡在每位听众的心中。

听着这些演讲，我感觉自己长期主张的两件事在美国也正在得到普遍认同，为此十分高兴。第一件是从个人体验的加深中发现普遍性问题，是由个别走向普遍之道；第二件是明确承认文化差异，不必去论及孰优孰劣，而是通过清晰认识它们去有所收获。

何谓文化？如何确定文化优劣？不必去做这等抽象议论，而是通过坦率讲述某个人在这种文化罅隙中如何生活，让听的人重新审视自己的生活方式，寻找新的道路。这需要靠对异文化的深刻理解来支撑。也许这才能称得上是“Culture Rich”的体验吧？它可以让人生拥有前所未有的异样视野，从而变得更加丰富。

在学术会议上发言之后，我又与听众进行了交流。交流对象有中国人和美国印第安人，因而变得愈加“Culture Rich”，这令我十分高兴。不过，要想使之变为可能，尚不能消除个人因文化差异产生的摩擦而引起的情感体验，比如悲伤、愤怒、痛苦，这都需要付出相当程度的努力来促成有建设性的、宽容的交流环境，否则也许会酿成带有破坏性的危害。

我希望有一天，在日本也能召开“Culture Rich”这样的学术研讨会。

人生学

“人生学”这样的词恐怕迄今还无人说起过吧？我出版了一本名为《“人生学”初涉》的小书。遗憾的是它并非新作，而是将之前零散写就的东西，按照人生学意义上的条目进行了归纳。

每个人都在过着“自己的人生”，它仅有一次，而且是唯一的。正因为无可替代，所以我们希望珍惜它。能给我们的人生“应该如何度过”予以指导的有哲学和伦理学，在心灵方面还有心理学，以及其他诸多学问成果，它们都可以给人生以启迪。

可是实际想来，我又感觉这些“学问”似乎没什么用处。这是我在接触前来咨询的人，特别是年轻人时的深切感受。有时我不由慨叹："为什么你会深陷如此糟糕的男女关系呢？"或者"你以为人生是什么？"而且对方还是"大学毕业"的聪明人。

说得极端一点，虽然在学习时阅读过罗密欧与朱丽叶这样的故事，但他们并没有被教导过如何思考现代人该如何恋爱，以及现代人的恋爱具有什么意义。

许多人在邪教信徒中看到了这种典型的例子，并为之吃惊，即研究生毕业的知识精英居然相信不可想象的奇怪事情。这是因为通常所说的"学"皆是以普遍性和抽象性事物为目标，纵使它与人生有所关联，也绝对无法做到近距离感受。

因为原本就懂得这些，所以人们并不依赖"学"，而是遵照自古的传承、前人的生活方式以及教导来生活。我想说，不需要什么"人生学"，使刚才说的这些东西也不再充分发挥作用的正是现代社会吧？如今的年轻人还有几个想遵循"父母教诲"或"老思想"的呢？社会瞬息万变，所以古老的教诲已丧失了力量。

不依赖古老的思想，又没有人教授自己，那就只好自己思索，因此"人生学"渐渐有了必要。因为是自己为自己考虑，所以人生学终归要以重视个人体验开始，这一点是与迄今为止的“学”不同的地方。虽说是基于个别性与具体性，但仅仅如此会流于任性或偏颇。所以还是要尽力以个别、具体的实际体验为基础，并通过不断深化获得普遍性。不要在头脑中认定“一个真理”，试图展示唯一的正确方式，而是相互参照生活体验中的所得，揭示多样化的人生方式，然后思考“我的人生方式是什么”。这种方法不同于迄今为止的其他方式，作为一门新学问，或许更具备“研究”的价值吧。

以“研究”为目的的“实验”是必要的。所谓人生学的“实验”也就是自己的人生。如此生活会产生什么样的结果？而改变人生方式又会怎样？人活下去本身就是一种“理论”创造，是通过实验进行验证。这样想来，所有人都会成为“人生学”的研究者。似乎大家要对此产生质疑，但我要强调的是，当每个人都不希望在外界强加的思考方式的束缚下生活，而是要活出独一无二的人生时，那便是在过着可称为“研究者”的人生了。而他的整个人生将是一场壮观的“实验”。如果能从这样的研究中产生“人生学”，那么这门学问定将在人们的人生中发挥重要作用吧？

孤注一掷

编辑请我写一篇“符合新年气氛的文章”，但我完全拿不定主意要写什么话题。最近正在读一本十分有趣的书，猛然看到书的封底写着下面的话：

一个
什么都好
就一个
只要有了它
我便能活下去
然后一切即将开始

我心想：“这个不错，就把这个作为新年寄语送给各位吧。”什么都好，只要能找到把自己赌上的“一个”，并紧追不放手。已经找到的人继续努力就好，尚未找到的人在每天的日子里做好找到的心理准备。发现自己这“一个”的时间有早有晚，我属于相当晚的，却并没怎么为此犯难。只要做好心理准备，必定能找到。

胁浜义明的《在拳击上赌一把》非常透彻地阐释了“孤注一掷”的意义，所以我想把内容介绍给大家。胁浜先生是西宫西业余高中的教师，自称“这10多年来一直在教夜校的混蛋们”“一个自己打不了比赛，所以让孩子去打的大叔”，从这简短的话语里能看见一位坦诚率真、容易亲近且有骨气的老师的身影。

对业余高中里边工作边学习的学生们来说，光是搞体育已经不容易了，而胁浜老师指导的拳击部在1995年的兵库县综合体育大赛中获得了团体冠军、校际冠军（轻量级）和第三名（次轻量级）。胁浜老师通过在拳击上“孤注一掷”的方式，来教导之前被贴上“声名狼藉的不良少年”“逃学”等坏标签的少年们。拳击部是“坏蛋”集合部，然而胁浜老师说起来，却是我“虽然笔下口口声声称他们是‘坏蛋’，其实只不过是没有其他合适的词，而且是带着点亲昵感这样说罢了”。

通过对这些少年温暖的关注和严格的训练，“坏蛋们”成长为独当一面的男子汉。因为我本人也长期对一件事孤注一掷，所以阅读这本书时随处可见引起我共鸣的话语。

“眼泪转化为契机，从此变得让认真之类的事情只发生在电视剧的世界里，现实中根本行不通”。确实如此，人生没那么乐观。再如“如冥河河滩，辛辛苦苦堆好石头，小鬼一到，便会弄塌，但不会像地震那样破坏殆尽，还给我们留了一点，所以我们要接着重新再堆”，这说的是不轻言放弃。

关于自己的指导方法，胁浜老师说：“不存在什么特效药或者速效教育技巧。即便有，我也不了解。我所有的只是亘古以来的‘耐心赛’。”读了这些话，我感觉其方法与心得与我从事的心理治疗工作相同。即使学生们累到极点或者偷懒没人来上课，胁浜老师也会一直等下去。不具备“等待”能力的人不能指导别人。

如此说来，胁浜老师总是好脾气地耐着性子吗？不是的，老师也会发火。正如有些温和且隐忍不发的父亲一旦发起火来，就可能成为孩子变好的转折点。“我是真的发怒，不是说教，而是发怒”，书里也有这样的描写。纯粹的怒火会结结实实地敲进孩子们的身体里，说教却有可能变成打空拳。

令胁浜老师引以为傲的“我做的就是费劲的事，费劲自是理所当然”这句话，也是我喜欢的一句话。不知为何，我们命中注定要登上“此世”这一拳击场，费劲却又理所当然。

话虽如此，一直支撑胁浜老师走到今天的东西是什么呢？“因为遇见、发现，还有最最重要的感动，所以我一直做到现在。”这句话使我感受到“孤注一掷”的力量。

“和平家庭”的可怕之处

有一种争吵不休的家庭，家人之间动辄便会起争执，不光是吵嘴，有时甚至会拳脚相加。我认为，在这样的家庭里长大的孩子大概是不幸的。相反，也有那种“和平的家庭”，家里没有争吵，安安静静，那么在这样的家庭里长大的孩子就幸福吗？

关于这一点，如今产生了一种引发我们深度思考的可怕现象。最近，我在调查广受关注的“援交”现象。所谓援交，虽然给它起了个动听的名字，说白了其实就是少女卖春。

由于通信手段急速发展，初中及高中女学生发出“援交”的信息，中年男性就会飞奔而至。虽然其中好像也有不发生性关系的“交际”，但多数还是那种伴随着性关系的金钱交易。读了关于援交的报告，令人惊讶的是，做出这种行为的少女，从外表看都很“普通”或“正儿八经”。有些女孩充满青春的气息，从中找不到任何自暴自弃或者叛逆的迹象。哪怕女孩上了一所好高中，不染茶色头发，“正儿八经”地生活，也不能断言她没有参与过援交。

令人吃惊的另一个事实是，几乎所有参与过援交的女孩子都是因为想要钱却又不想麻烦父母，所以才去援交，其中也有的孩子说“希望家庭和平”。

在过去，成为“不良少年”的发端，不正是偷拿家里的钱吗？或者也出于对父母和老师的“反抗”吧。因为这些原因，“不良”孩子们想要在衣着打扮和态度上来炫耀自己的反叛。当然，现在仍有这样的孩子。

多数选择援交的女孩子们都希望“家庭和平”，不如说她们在正儿八经的生活中茫然无措地活着。这难道不是一件可怕的事情吗？

在思考时，我发现了“和平家庭”的可怕之处。诚然，谁都不想受苦，所以想出了种种依靠金钱躲避受苦的办法。比如，不用一步步辛苦爬山而坐缆车上山，为避免交通事故之后的人际纠纷，交上保险金，遇到棘手的事交由保险公司处理即可。在所有的事情都如此这般处理的过程中，现代人会不会忘记“深层关系”或“深度体味”了呢？

就像现在也有人明明有缆车却依然一步步爬山一样，通过吃苦得到的快乐感觉会完全不同。贫穷正是一个需要一家人拼命忍耐的时期，可难道不正是通过在期间彼此分享喜悦、反省自己的行为，才能得到“活着”的真实感受吗？

在少女援交的家庭中几乎没有“贫困家庭”，也很少有家庭关系“恶劣”的。在所有人都“正儿八经”地活着的状态下，所有的一切过于顺畅地流于表面化，人类存在的深层意义却被忽略。思春期的少女以其思春期的特征，感受到心灵深处喷薄而出的不可思议的力量，家庭里却没有与之相抗衡的关系，被“和平”表象加固的仅是表层关系而已。

因为生活得过于“正儿八经”、过于简单，所以少女们放弃了对它的破坏，陷入这样一种恶性循环：她们走到街上寻求与家人不同的“关系”，虽然感觉其无比空虚，却为了遮掩而名牌加身，为此又需要更多的金钱。

关于家庭的存在方式、关于富裕家庭关系的维持方式，她们是不是在一定程度上给我们敲响了警钟呢？

终身学习

我以“终身学习与人的幸福”为题做了演讲。正如之前在许多地方所表达的那样，我不希望再做演讲了。毕竟我也很忙，而我从事的职业重视一对一的人际关系，需要根据每个人不同的个性进行思考。如果我热衷于像演讲这种面向众多人谈话的活动，终究会因思维模式固化而不中用。

话虽如此，有时候也会因种种条件加在一起，促使我必须做演讲。所以我决定尽量不让自己陷入模式化，而是顺其自然地讲。这次我也是想到哪儿说到哪儿，说着说着话题就转向“终身学习”上去了，但我发现它与“人的幸福”很难联系在一起。对人而言，何为幸福？怎么做才能幸福？我并没有谈到这些话题。

考虑到时间安排，我犹豫着不知如何是好，却突然想起了下面的话题。对人而言，“终身学习”不可缺少，但并非为了幸福而为之。如果把幸福放在首位、努力想得到幸福的话，许多时候反而会招致失败吧？一心想得到幸福、避开不幸，为躲避某个不幸而付出的努力，往往又会成为招致另一不幸的原因。与其盼望得到幸福，倒不如思考一下对自己而言现在有什么样的“学习”机会也许更好。

谈到“终身学习”，也有人会问，到底学什么好？其实稍作思考就会发现，我们似乎正被“学习”的机会包围着。

有个案例，上初中的儿子不去上学，也没生什么病，于是父亲买回“拒绝上学症”这类书来读。父亲觉得这需要“学习”，所以买书来读，实则并没有改变儿子。不久，儿子开始要求“买这买那”，父亲硬撑着给他买回来，他却并没有因此去上学。

父亲终于忍无可忍，把儿子叫过来坐在对面，问他：“你知道爸爸一个月挣多少钱？”然后给他看工资明细，并逐一讲解基本工资多少、津贴多少、扣掉税和其他之后拿到手多少。儿子表现出强烈关心，说：“我本以为咱家有很多钱。”

这件事成了儿子上学的重要转机。面对人之生存不易，儿子用自己的方式理解，并决定自己也要付出努力。而父亲呢，他从这件事上“学习”到的不也很多吗？比如父亲的责任、一个少年长大成人的艰难，更重要的是，他学到的不是关于逃学的“知识”，而是生存在现代社会所必需的、按照自己的方式生存的基本态度。

最近，关于“知识”的学习太多，而关于生存的学习却很容易被忽视。显然，关于生存的“终身学习”变得越来越有必要。像这位父亲这样果断埋头于终身学习“实验”的人，以后也会获得幸福吧。

终身学习的机会会以各种形式前来造访。比如我刚才列举的家庭问题，或者被调到自己讨厌的工作环境中、遭遇意想不到的打击，等等。这种时候单纯考虑“幸福”的人会紧紧抓住自己以前的小幸福不放手，拼命想从终身学习的“实验”中逃脱，因此才会陷入越来越不幸的恶性循环。

终身学习的“实验”未必一定就能带来幸福，但只要是实验，就会有成有败，但反复经历成功与失败不也正是人生吗？也许，把幸福看作与之纠缠在一起的“副产品”会更好一些吧。

第四部分

幸福不是一帆风顺

因为艰难，才会幸福

自古就有“出人头地”这一说法。在社会中确立自己独当一面的地位，在此基础上功成名就，很多人认为达到这一目标便可获得幸福。不过，也有人对此不以为然。

他们认为，幸福与以上那些事无关，所谓“出人头地”是利己的。我认为这样的想法确实很了不起，但因为他们每逢有事便声称“我不想出人头地”，所以我也明白他们其实在这方面太想不开了。

较之于大声嚷嚷“反对出人头地”而打扰到周围人，倒是淡然地努力出人头地更有益无害。我认为人其实很难真正丢弃这种想要出人头地的渴望。不过，说出人头地就等于幸福，似乎也存在问题。

有位父亲是鞋子推销员，多次失业，所以家里很穷。失业的原因是酗酒，他甚至将攒给儿子买圣诞礼物的钱都买了酒，可是儿子依然边洗盘子边读到了大学。虽然他打着各种零工，却下定决心长大以后一定要做成点什么。就这样，儿子出人头地，当上了美国总统。

这便是里根总统艰辛成功的故事。以一步一步爬升社会阶层的阶梯来说，大概不可能继续上升了吧？从这个意义上讲，他过上了多么幸福的生活！

里根总统的女儿帕蒂·戴维斯（Patti Davis）在《总统的女儿——里根家事》里讲述了总统女儿眼中的家庭生活。当然这是女儿眼中的事实，大可不必据此对里根夫妇说三道四，但至少在这个超级成功的主人公的女儿看来，可以说是十分糟糕的家庭关系吧。

帕蒂的母亲，也就是里根夫人对女儿十分严厉，用帕蒂的话来说是“虐待”，她总是被母亲打。“自从 8 岁时第一次挨打，并逐渐升级，每周如此，有时甚至每天都会挨打”。而父亲里根又是怎样做的呢？“爸爸虽然和我们生活在一起，但找遍家里每个角落都不见踪影。他是一个形同虚设的爸爸。”他实在太忙了。

据帕蒂说，里根从儿时起便掌握了“一种惊人的能力，将目光从严酷而痛苦的现实中移开，让自己深信现实是快乐的”，因此当帕蒂诉说母亲的暴力行为时，父亲也不愿意过问，只是反复说“你妈妈是个善良的好人”。

帕蒂忍受不了这样的家庭生活，欲离家出走，染上了毒品，还渐渐在男女关系上放纵自己。她反复绝食、暴食，仿佛被逼上了绝路。就在她的生活不断跌落期间，里根却一步步当上了州长、总统，取得了美国最高的社会地位。

总之，我希望指出的只是其中父母与子女的地位上升与下降的极端对比给我留下的深刻印象。

帕蒂用我刚才引用的那些辛辣的话语批评父亲里根，可是稍微换种说法，便可发现这其实是一种无论遇上多么严酷痛苦的事情，都不为之束缚地发现快乐并奋力拼搏的能力。事实上，可以认为里根正是充分发挥了那种能力，才获得了美国国民的信赖与支持。不过也许里根夫妇太过希望为美国国民寻求光明了吧，所以女儿帕蒂才不得不经历需要付出巨大努力才能渡过的“黑暗”世界。所谓凡事过犹不及，可见幸福真的很难。

拯救“异界”中的孩子

无论做什么，自以为不过是按常规讲出自己的想法或行事，却与周围产生龃龉。感觉有点不对劲而保持沉默的话，又会被要求“别老是不说话，说点什么”；说出自己的意见，却又会被人说“别那么多话”。真想问问到底该怎么做才好，怎么想都觉得自己没错，可是与周围的关系却莫名其妙变得生硬了。

也许你也有过这样的经历吧？大概谁都会有这样的经历。自己心情不佳，总觉得不尽如人意，而且这种事情也不好表达，况且若是能表达，龃龉应该也就消除了。如果对这种状态忍下去，可能会出现各种麻烦的“症状”，而若是小孩子，很可能会出现遗尿、口吃、抽搐、逃学等行为。

龃龉大多出现在孩子的潜在能力无法顺利表达的情况下，就像若把装了很多水的瓶子猛然倒置后往外倒水，空气会莫名混进去产生气泡，导致水倒不出来一样。若是潜在能力能够顺利表达出来就好了，但一时又找不到通道。

针对苦恼于种种问题、为某些症状困扰的人，临床心理学家与其致力于迅速消除这些症状，不如共同思考一下这些症状的背后到底隐藏着什么，如何能让它表现出来。这样做也许对于患者来说更合适吧。

岩宫惠子的《生存艰难的孩子们：选自心理咨询日志》一书写的就是如前所述的那些“生存艰难的孩子们”，如何借助临床心理学家的帮助寻找自己人生道路的故事，它为我们明确指明了路径。

作者用“异界”这一思维对孩子们的生存艰难进行了诠释。据说，孩子的心里有一个不同于大人常识的“异界”，这异界既是能量的源泉，却又充满危险。如果不能很好地与之相处，巧妙地把这股力量引导出来，便会让孩子变成“生存艰难的孩子”。

这样的孩子来到心理咨询师那里，心理咨询师会和他一起探索“异界”。话虽如此，其实就是一边和他玩耍、说话，一边仔细观察并思考他话中的意思。这里比较难的是，如果拘泥于“观察”和“思考”，就会切断和孩子充满生气的互动关系，而光顾着和他玩耍又无法推进问题的解决。

作者在书中以那些遗尿、抽搐、偏食、拒食的孩子的事例为基础，描述了这些孩子如何克服问题。其间心理咨询师的作用就像和平利用核能源，稍有差池便会陷入危险，作者还讲述了他们如何通过无微不至的关怀克服了这一危险。

如今，感觉“生存艰难”的孩子是不是仍有很多呢？或许正是因为有太多家长和老师并不是等待孩子们难得拥有的“异界”能量在世间显现，而是太努力想把孩子塑造成与世间常识吻合的“好孩子”了。从这方面来看，我认为本书对家长和老师思考育儿和教育问题非常有用。

与“异界”的联系不仅出现在孩子身上，对大人也同样重要。人终有一死，也可以说谁都将去往“异界”，这是人会思考一生的问题。大人往往因太过忙于在日常世界里打拼而忘记了。其实要想度过真正有意义的人生，对大人而言“异界”也是必要的。抱着这样的想法来读岩宫惠子的书，便会发现这本书不仅事关“育儿”，而且与大人的生活方式同样有着深切的联系。

两个女人的故事

我读了佐野真一的《旅行的巨人》，这是一本纪实作品，对比讲述了足迹遍及整个日本的民俗学家宫本常一，以及在精神与物质两方面给予他支持、对日本民俗学发展做出莫大贡献的经济学家涩泽敬三，他们二人的生平足迹。宫本是山口县周防大岛人，没有像样的学历；而涩泽却是明治时期的大实业家涩泽荣一的孙子，毕业于东京大学法学专业。比较他们二人生平的记叙十分有趣，但我这次想把目光投向这两位巨人背后的两个女人。

宫本年轻时，边做教师边从事民俗学调查，就在那时与小学老师玉田浅子通过相亲结了婚。在从相亲到结婚的8个月里，宫本给浅子写了100多封情书。浅子将这些情书一直保存到宫本死后，说“希望能成为描写宫本正确形象的参考”，后来把它借给了佐野真一。这可是浅子珍藏了60多年的信件呀。

读着信，佐野十分吃惊，因为里面有段告白文字说“其实我有过另一个女人”。将这封带着惭愧写成的长信总结一下，便是下面的内容。

当年宫本患上肺结核，徘徊在死亡线上时，有位护士照顾他，甚至偏执地想和他一起死。“她因患过天花而相貌丑陋，是个已然背负终生不幸的人。”宫本出于同情和感谢说爱她。后来宫本回家疗养了一段时间，两年以后康复，之后重做教师，那个女人多次来找他。宫本要求这个女护士回去，结果导致她自杀未遂。在照顾她期间，宫本出轨了。

那个女护士发誓说两人不再相见，回去了。可是两年后再次出现，诉说生下了宫本的孩子，后来孩子死了。她还诉说了这两年的辛苦。宫本表示“坚决不能有肉体之爱”，却又承诺“我必须想办法把你拉到能安身立命的世界里”，而她却说“我想要的只有你的身体”。宫本感叹道：“如今我知道了弥补自己的过失和净化他人灵魂的艰难了。”当宫本如实相告自己相亲一事，这个女人对他说：“明知残酷却不得已之事，世间常有。”

关于这个女人后来的事情我们就不得而知了。总之无论告白与否，宫本和浅子结了婚并严肃对待婚姻生活是事实。浅子将丈夫的情书交给佐野真一时说：“能感受到她那种非同一般的决心。”浅子犹豫，是否应该将他们生活背后还有一个已消失的女人这件事公诸于众呢？

涩泽敬三是个大资本家，妻子喜登子也是三菱财阀的创始人岩崎弥太郎的孙女，他们的婚姻堪称“最强婚姻”，却承受了“家”的重压，偌大的“家”里没有“夫妻俩的房间”。喜登子在第二次世界大战前接受过西方教育，年轻时英语才能就很出众，又热衷于滑雪和登山。对喜登子而言，也许涩泽这一“家”的气氛是她难以忍受的吧。

然而日本最终战败，社会状况发生巨变。战争结束后不久，喜登子抛下丈夫和一子二女离家出走。她和敬三分居之后“发挥英语才能，做了外资企业的社长秘书。敬三死后，她靠教中小学生英语为生 。后来，喜登子叙述道：“我无法继续待在那样的家中生活一辈子。”

以上描述了两个迥然不同的女人。一位因“照料”爱上了一个男人，最终不得已主动退出；另一位为了自立，主动割断与男人的联系。我们不必对她们的生活方式说长道短，但这两位巨人的形象在女性看来，应该有相当大的差异吧？

依赖与自立

“自立”经常被作为重要的事情来强调：怎样做才能让孩子“自立”？女性如何实现“自立”呢？到处都能听见这样的说法。似乎所有人都应该以“自立”为目标活下去，因此与“自立”相反的“依赖”就受到了恶评，令人极为仇视。可以说，“消除依赖心的自立很重要”这一想法普遍存在。

然而，最近我看到一篇文章断言说“无论男人还是女人，都不能自立”，感觉心里似乎不大畅快。这是我和大庭美奈子共同编纂的《家庭与性：现代日本文化论》的卷首中，大庭美奈子写的一句话。

我继续引用一些大庭女士的观点展现给充满疑惑的读者吧：

人生活在人际关系中，在互相帮助、彼此依赖中生活才能称其为人吧？因此，我们需要区别于自身力量的其他异性的力量。所以，人类会纠缠于性的爱恨与欢喜中。不管怎么说，大约各占人类半数的男女之比意味着，我们必须在绝望中蹒跚在和解与合作的道路上。

实际上，这段话是针对最近许多人强调的“女性自立”这一观点而写。正如书的开篇所言“无论男人还是女人，都不能自立”，从男性角度思考也一样。建议自认为已经自立了的男性也对这一问题稍加思考。

大庭从女性立场出发写了这部随笔。而我身为男性，从男性的立场来读，也心有戚戚焉。

“人生活在人际关系中”，只要想一下每天的行为，便会知道自己得到了多少人的力量支持。养育婴儿的妈妈不知从婴儿的微笑中获得了几多力量；某位在校老师说过“我深深知道学生们给了我多大的力量”；哪怕因捣蛋被老师训斥的学生，或许也在努力支撑着老师的“生存价值”。

如此想来也许我们就会懂得，何止是人，就连许许多多的“物”也在支撑着我们。每个人应该都有自己的“爱用”

之物，倘若丢失，该有多么难过！

大庭指出了异性间的相互支撑。男人和女人相互支撑着，但这并不简单。短短的一句“纠缠于性的爱恨与欢喜中”包含了太多对于男女关系的思考与观察结果。

男人与女人这两种不同的存在以及他们之间的关系实在有趣。许多来找我咨询的人都涉及这一问题，比如“男人这东西……”或“女人这东西……”这样的感叹或愤怒，我不知听了多少。

就在他们愤愤然之时，却懂得了没有对方自己无法生存或者自己有多么依赖对方。下定决心“不再搭理对方”，过不了多久却又重归于好，还真是有趣。

过去，在心理学领域也是将自立与依赖作为对立概念来理解，通常认为，越是依赖心少的人越自立，但最近学界开始认为，二者是更为复杂地纠缠在一起。简单来说，就是该依赖的时候依赖，通过认识这一点并感谢它获得自立。

大庭女士所说的“不能自立”指的正是这个。或许也可以换言之，倘若忘记依赖的重要性，即便想要自立也不可能做到。无论男人还是女人，如果懂得本身“不能自立”，也许会少一些愤愤不平吧。

当妈妈遇到熊孩子

前来咨询说无法喜欢自己的小孩的妈妈多了起来。虽然妈妈们认为应该或必须喜欢自己的孩子，却越是这样想就越无法做到。倒不是讨厌或憎恨，她们也在尽着妈妈的义务，所以外人看来没有哪里不正常。但就妈妈们自己的感情而言有一点不服帖，莫名地感觉有点不亲近。

这无论对妈妈还是对孩子来说都是个严重的问题。作为焦虑中的妈妈，越是想采取措施，反而越处理不好。或许有人觉得母子间怎么可能有这种问题？但亲子感情这东西对善于处理的人而言很简单，对处理不好的人来说却很难办。

比如，有的母亲和三个孩子中两个较小的相处很好，却唯独和老大处不好。有人会说，既然能和两个小的孩子相处融洽，那就照着样子去做不就好了吗？然而似乎不是那么回事。人心这东西太不可思议，一旦有了疙瘩就很难再平滑如初。

这时，母亲就会产生深深的自责，或许会认为自己做母亲失职，于是更加纵容、溺爱孩子，但是太刻意了又会将问题扩大化。

人不同于动物，在“意识”这一点上的表现尤为明显。正因为这样，才发展出了区别于动物的文明。可是人类依然是动物的一员，在实际生活中要以何种程度处理好“意识”问题格外困难。

例如，走路时先迈右脚，迈左脚时向前伸右手，假如这些事都要一一刻意去做就走不成路了吧？而实际上，确有神经质的人陷入那样的状况中。话虽如此，倘若完全无意识地走，前面有障碍物的话也躲不开吧？

如果孩子出生时一切正常，母亲就会疼爱孩子，而婴儿的笑脸也会唤起妈妈的怜爱之情。如果情感通过妈妈和婴儿之间的相互作用自然流动的话，自然一切顺畅。可是一旦有什么因素抑制了这种感情流动，就无法再顺利流动了。哪怕心里想要疼爱或者被疼爱，作为存在整体的自己也无法参与进来了，因为有某种隔阂堵住了流动。

我和一位因这个问题前来咨询的妈妈交谈，她讲述了和孩子之间的隔阂。但当我们在交谈的过程中产生共鸣时，那种隔阂却又消失了。这样一来，很多亲子关系也得到了改善。

说到这里，我希望大家不要立即认为那位妈妈“不好”，谁的内心都会存在某种程度的隔阂，或许可以说没有隔阂的人是不存在的。一个隔阂消融，又会发现新的隔阂，等这个消融了又会有其他的。人会这样一直变化下去，这也可以称为成长或成熟的过程吧。

那么，说过去没有这样的咨询就是因为过去的人很少有隔阂吗？或许吧。但我认为人若要成长，隔阂就不可避免且会不断增多。或许因为需要动脑筋思考并刻意为之努力的事情太多，原本只是动物性的自然行为便会产生很多隔阂也就是说，原本该稀里糊涂度过的地方因为刻意想得太多，夫妻间、亲子间便会产生隔阂。

无法喜欢孩子的妈妈们不必莫名地自责、焦虑，应该认识到人（自己也是）会因成长而变得麻烦，只消把自己交付给情感的自然流动，有时问题就会自然而然地消失了。

育儿神经质

现在未成年人犯罪事件越来越多，如最近发生在神户的少年杀人案便是极其特殊的一例。有的父母得知后也开始担心起自家的孩子。发生这种案件，必定会生出种种流言，有的直接被报道在了媒体上，或者作为谣言广为传播。例如杀人少年的父亲是什么样的人、毕业于哪个大学，母亲又是什么样的人，等等。人们听了这些，越发担心起自家的孩子。

日本教育部决定从1996年开始，在少数学校试点配备心理咨询师。可能也是因为我担任临床心理师协会会长的缘故，所以经常有机会听到孩子们的生活状况。我从中感受到的最重要的一点便是，许多家长都有一大堆问题想咨询，其中很多问题只消稍微谈谈就能解决，但是这些家长却苦于没有合适的地方咨询。

若是在过去，因为日本是大家庭社会，有祖父母担当育儿咨询对象，有时亲戚中也有长老式的人物参与进来，育儿与家族、地域文化等融为一体，所以父母不必负担全部育儿工作。说得夸张点儿，除了亲生父母以外，还有许多充当父母角色的人。当然，这种方式有好的一面，也有十分束缚个人自由的缺点一面。而现在的日本社会急速小家庭化，没有老人帮忙了，父母的责任因此突然变重。而且因为成了小家庭，年轻父母也无处咨询。

现代家庭和邻居的交往也不那么亲近，而如果父母贸然向学校的老师咨询，万一被认为亲子关系“不好”可就麻烦了。所以，一点琐事可能会演变为很大的心事。

将这种担心扩大化的主要原因之一是所谓的“平均值”。例如，3 岁的孩子有平均的身高和体重值，若自家孩子稍微低一点，父母就会担心，也有父母会因为孩子超标担心其“太胖”；或者知道 5 岁孩子的社会性指标是哪种程度这样的知识后，就会拿来和自家孩子比较，并种下担心的种子。

事实上，一切都处于“平均水平”的孩子并不是很多。即便身心都健康发展，也会有的迟有的早，每个孩子在成长中都会表现出自己的特征。一旦把“平均值”当成金科玉律来对照，自然会生出麻烦。只有听到心理咨询师说“很少有孩子一切都是平均的”或者“这点落后完全不必担心”，家长才会安心。

虽然心理咨询师最好是受过专业训练的人，但现实却未必如此，“自称心理咨询师”之人会反过来煞有介事地说“您家的孩子处于平均水平以下呢”，让父母陷入不安。这真是荒谬，家长们咨询时也务必选好对象。

我在育儿咨询中发现的第二个问题是，父母对孩子的小“恶”反应过度。过去孩子多、父母忙，孩子适当地体验着“恶”长大。我这样说，也许会被批评为“你是要奖励恶吗”，然而即便严格对待孩子的“恶”很重要，但对所有的“恶”都一概而论，孩子就会变得畏手畏脚或者缺乏灵活性。但如果放得太“宽”，积聚多了的小恶一旦爆发，就可能会酿成大事。

那么，什么程度的恶可以放过，什么地方又该严格呢？这一点父母必须学习，否则，只要孩子有一点小恶，父母就会过度反省“我的教育方法不好”。

孩子难得按照自己的个性成长，而父母却在心里制定了死板的标准，为此变得神经质，令人遗憾。我希望家长们信任孩子自身成长的力量。

从容的展望

就在前几天，教育学家蜂屋庆先生离世了。我在京都大学教育学部任职时，曾在蜂屋先生任教育学部长期间担任过辅导委员长（这名字好像有点脱离时代）。那时学生运动大行其道，大学也是个是非之地，在这期间从蜂屋先生处受教颇多，一直心怀感激。

蜂屋先生也认为，在教育上“卓越”很重要，并主张“追求超越其他人”在教育上也很重要。现在想来，我甚至感到或许他在预言东京地铁沙林毒气事件，但这次我想谈的是，我感觉比之更受教于先生的“从容的展望”。

当时学生运动激烈，以至有人产生了弄不好教育部会就此倒台的危机感。蜂屋先生的特点是，即便在那种时刻也保持从容，站在长远的角度看待事态发展。所以他并没有惊慌失措、焦躁不安。我想，正是因为抱着这种心态与学生接触，事态才逐渐平息下来。

我认为，“从容的展望”在教育孩子时也非常重要。看到自己的孩子犯错会忍不住火冒三丈，不知不觉被眼前的事态所控制。一想到孩子这样不学习光玩会有什么后果，家长就忍无可忍。可是站在长远的角度看，比起小学阶段考第一还是第十，倒是轻松自在地玩耍对孩子的未来更有价值得多。

去过欧美后我所羡慕的是，那里的孩子玩得实在痛快。即便是上流社会的孩子平时穿的也不是那么“好的衣服”，玩的时候弄脏也无所谓。前些天我和一位瑞士的朋友聊起，他说来日本之后，看到日本的孩子很少玩耍，觉得真是可怜。玩耍对孩子而言既是“人生学习”的机会，也是发展自由想象的时光。这时候收获的东西在长大之后会有很大的用处。

我之所以说“从容的展望”很重要，是感到家长是否为孩子考虑的“展望”太千篇一律，失去了应有的从容呢？也就是说，对于孩子幸福的展望，家长的普遍想法便是毕业于一所好大学后进好的公司工作，为此要进好的高中……所以连上哪所幼儿园都要忧心忡忡。

这一观念最大的缺点就在于，完全脱离了“孩子的人生属于孩子自己”这一天然属性。孩子的幸福终归要由孩子自己去创造。无论孩子认为就职于大型企业便是终生的幸福，还是在青年时期游手好闲间发现了喜欢的事情，并认为哪怕在经济上稍有困窘，但若能全力以赴地做自己想做的事便是幸福，这都是孩子自己的选择。如果大家带着心灵的从容环顾一下四周，是不是出人意料地存在很多有钱、有地位却每日郁郁寡欢的人和自寻烦恼的人呢？也可以想一下，走上社会之后，自己在高中时学到的知识还有多大用处呢？

明明知道这些，为何还要一个劲儿地催促孩子“学习、学习”呢？这是不是因为对孩子学习以外的事情漠不关心、看不到孩子的个性呢？要想看到孩子的个性，家长自己必须发挥个性才行，可是大家能做到吗？倘若不了解自己的个性，把千篇一律的幸福强加于孩子，家长是不是只是据此获得了满足与安心呢？如果把孩子的事情交给孩子自己，拥有从容不迫的长远目光，无论家长还是孩子，是不是都能再从容一些呢？

不要束缚我

新川和江是日本的著名诗人，我曾在中学的语文教科书上读过她的作品，想必知道她的人很多吧。她出版了口袋本的《新川诗集》，且以相同风格发行的窗道雄、阪田宽夫、工藤直子的诗集也读来让人享受。我从这些小书中收获颇丰。

新川和江的诗《不要束缚我》开头如下：

不要束缚我
请不要像捆绑紫罗兰
或雪白的葱一样
将我束缚
我是稻穗

我是秋天里让大地焦渴的
一望无际的金色的稻穗

不要阻拦我
请不要像拦住标本箱里的昆虫
或来自高原的风景明信片一样
将我阻拦
我是挥动的翅膀
一刻不停地向着浩渺的空宇探索
那看不见的翅膀的声音

很遗憾，我无法将这读来一泻而下的诗句引用到最后，被其吸引的读者请一定去找这本书读到最后。

“不要束缚我”的声音激昂而尖锐地迫近我们，可是我想，许多人不正是喜欢“束缚”或“阻拦”他人吗？号称什么“失足少年对策”，就是以“失足少年”的名义将一群少年束缚，并企图思考“对策”。有个词叫“不分青红皂白”，我们一不小心便会被一些事以某种名义束缚住。

有时还会像昆虫标本一样被大头针钉住，或许标本很美丽，但却不得动弹。比如以优等生的名义将学生“制成标本”，让他们想玩却不能玩，想和伙伴们一起行动却又被迫独自学习。尽管因为是优等生而受到众人瞩目，但心灵却被“大头针钉住”，最终成为一个了无生趣的人。

想到这些，我感觉勋章这种东西或许也是“用大头针钉住人”的一种东西。只因太想获得勋章而硬拼或忍耐，等得到时已变作“标本”，失去了个性。

新川的诗接下来写的是：

不要给我起名
请不要让我一直坐在
以女儿之名 妻子之名
或者以沉重的母亲之名安设的座位上……

她在“母亲之名”前特意加上了“沉重”这一形容词。或许她只是因为被这一名字束缚，便无法忍受那份沉重吧？因为是母亲，所以想着这也必须做、那也必须做，会变得焦虑，或者动不动会愧疚地认为自己“作为母亲”做得不够完美……

因为太过沉重，所以决心不当母亲，或者生下孩子也认为自己不可能承担母亲的工作。这也只是另一种极端的反弹，自己随意地在心里被“妈妈”这一称谓束缚着，然后进行反抗。殊不知，“束缚”自己的人正是自己。

妈妈也好、爸爸也好，总之只要是人，不冠以某种称谓便无法融入社会。问题在于，是否会以这个名义束缚自己。如此想来，我不由地感叹新川的“不要束缚我”这一诉说，是希望飞向终极自由的自己对想要束缚自己的自己发出的呐喊。最可怕的不是别人，而是自己“束缚”自己！

无音之音

58 岁时，我再次吹起了在学生时代因吹不好而放弃的长笛。这次我决定正儿八经地跟着专业老师每两周学习一次（尽管难以按计划进行）。学习某种技能真是不错，因每次都能学到新东西而感到开心。而且因为我从事心理治疗的工作，对人的生活方式高度关注，被教授长笛时多能和人的生活方式及心理疗法关联起来。这样一“算”，感觉被教授了两倍甚至三倍之多的知识。

长笛不同于钢琴，它一次只能发出一个音，因此只是吹单曲而已。吹到得意时，会被老师问“这里的和音怎么处理”。也就是说即便是吹单曲，如果不了解和音如何变化也是不行的。我总认为，无论知不知道和音变化，曲子本身都不会发生变化，但实际却并非如此。随意地吹奏和留心地吹奏明显不同，老师一听就明白。

这时，没吹响的音反而很重要。细想一下，这在人际关系中是不是也很重要呢？人只有一张嘴，一下说不了太多话。比如，只能说“我很悲伤”，但如果把它想成曲子，同样一句“我很悲伤”下面会有各种和音，这就大有异趣了。聆听没有被说出来的和音是不是也非常重要呢？我想，倾听无音之音的态度在深度理解他人方面也是非常必要的。

我还在另一件“无音之音”的事情上被教导过。长笛是可以发出高音的乐器，可是想把高音吹得漂亮就太难了。我一吹就成了所谓的“高亢”之音。这种时候尽管老师会提醒，但吹起高音时总感觉身体也在往上提，仿佛“浮了起来”，总是吹不好。

吹的声音升高时，身体的感觉应该是下沉到腹部下方，必须将它支撑起来才行。不实际吹吹看也许不会清楚，随着声音升高，身体的支撑要不断下沉，就是要由成不了音的低音来支撑着高音那种感觉。

这样吹起来真的很难。若到了高音连身体也不由自主地浮了起来，音色就会变坏。

练习时我想的是，人在一帆风顺处于上升趋势时很容易“漂起来”。无论升到多高，要想牢牢地支撑住自己，就必须伴随着产生某种下降的力量。要有某种存在于高位和低位之间的紧张感支撑着高物，并同时赋予它厚度。

人的幸福或许也与此相似。即便身处幸福的巅峰，倘若没有与之相对应的深沉的悲伤来支撑，也终将化为浅薄。没有单纯的幸福存在。当然，一般人只能听到长笛的高音。正如好的音色有着无音之音在支撑。幸福这东西也一样，即便他人眼中只能看见幸福本身，而要使其拥有厚度，也必须靠悲伤来支撑。

我以“幸福的眼镜”为主题，从各种角度描写了与人的幸福或直接或间接相关的事情。值此最后一篇之际，我想强调的是，幸福无论多么美好或看起来多么光彩夺目，只要缺少深沉的悲伤来支撑，也只能是漂浮之物。恐怕更重要的是，支撑幸福的那种悲伤吧。

河合隼雄的幸福论

正如前言中所写的那样，本书以“幸福的眼镜”为主题，集结了作者于1993年1月至1997年12月在报纸上的连载。虽说是“论幸福”，却绝非系统性论述某种幸福观，更不是强加于读者某种观念。正如前言中所写，在心理治疗师河合隼雄看来，他见到了许多在某种意义上陷入不幸、想从中摆脱并追求幸福的人。在这个意义上，他不能不思考所谓“幸福”是什么。可是拥有什么才是幸福呢？所谓幸福说起来就那么重要吗？甚至可以说，“很难进行深度思考”才是幸福的特征。

本书是作者在林林总总的经历中对幸福的持续思考。想起某位咨询者、遭遇援交等新问题、出去旅行、邂逅某人、读书……作者以种种经历为切入点，不断地思考幸福这个话题。例如在“孩子的幸福”一文中，作者以“希望自己孩子幸福的人有很多”为前提，从一位逃学的中学生家长谈起，话题逐渐深入。

我想，以具体经历为依据便是对幸福的接近。抽象地探讨幸福论或幸福观终归会止步于“画饼充饥”吧？我们不得不总是在自己被限定的人生中寻找幸福，在这个意义上，以具体经历为线索对幸福展开思考或许是个极好的办法。其中必然会有来自具体事物的制约，甚至这也和在心理疗法中始终强调“实例研究”重要性的作者态度有关。

然而不可思议的是，与其说是以幸福为对象进行思考，不如说本书是从幸福这一视角观察、体验各种事物。在这个意义上，本书或可称作一次有趣的“原创”吧。“幸福”正是眼镜，暗示着视角。本书不是普通的随笔，它以“幸福”为视角，在总体上产生了深刻性。

翻着书页，我不由心生感佩：作者不仅活动繁多，而且活得那么丰富多彩！他从自己的体验中有感而发，然后带来独特的视角。我甚至感觉，这样活着本身不就是幸福吗？

与此同时，我还发现作者十分清醒。在谈起“妈妈”

便心生温暖一文的最后，引用的小学三年级女生以父母为题写的诗句的末尾是“好想知道/为什么他们明明相爱/却总是争吵不休”。“孤注一掷”一文讲的是一位通过教授业余高中的学生拳击来敦促他们成长的老师的故事，却引用了这样一句话：“眼泪转化为契机，从此变得认真之类的事情只发生在电视剧的世界里，现实中根本行不通。”

感动的话语，特别是一旦与幸福发生联系，就有变甜腻的风险，有时连作者都会沉醉其中，但这一问题被作者巧妙避开了。

正因为作者从自身的邂逅入手书写，这本书才会让我们感受到时代性。连载正好经历了1995年阪神大地震和东京地铁沙林毒气事件。这不恰是日本迎来价值转变的时期吗？打碎之前的价值观甚至幸福观的同时，它还让我们再次确认了流动在日本人心底的“联结在一起的力量”。这本书针对价值观发生巨大转变的今天或许也能再次传达给我们重要的信息吧。本书既品味着缓慢流淌的时间、人与人之间的联结这些古老的命题，同时也贯穿着一种平衡，引人去思考应该如何应对新的变化。

从本书的风格来看，或许它在促使我们对幸福进行多方位思考方面，并没有给出结论性的东西。事实上，作者在连载已经完成了大半后依然不怎么清楚什么是幸福，他自己也感觉惊愕。然而我想，我们依然可以感觉到作者的幸福观。其中之一便是：单纯以幸福为目标是危险的，或许不如把它理解为一种从属性的东西更好一些。

作者的另一个观点正如“因祸得福”，不仅不清楚何为幸福，而且认为幸福必定会通过与之相反的不幸或悲伤才能得到证实。最后一文中，主动喜欢上吹奏长笛的作者认为，没吹响的音很重要，吹奏高音时也要有没有声响的低音来支撑，因此他说了下面一段话：“人的幸福或许也与此相似。即便身处幸福的巅峰，倘若没有与之相对应的深沉的悲伤支撑，也终将化为浅薄。”

值此本书再版之际，请允许我订正文中可能存在的些微错误。最后，我想对热心鼓励我再版本书、并以细致的工作对我关照有加的 PHP 出版发行集团的田畑博文先生表达我的谢意。

河合俊雄
京都大学“心中的未来”研究中心教授

幸福是一种人生智慧

“幸福”是每个人都会经常思考并屡屡触及的话题，对“幸福”的理解固然千人千面，但人人都在渴望并追寻着幸福，却是不争也不必争的事实。“洞房花烛夜，金榜题名时”的昂扬热闹是幸福，“采菊东篱下，悠然见南山”的静寂沉潜也是幸福；“人生得意须尽欢”是得到幸福后淋漓酣畅的享受；寒夜灯下一碗热气腾腾的粥饭带来的“小确幸”，又何尝不是举眉俯首间对幸福的细细品读？

也许不少人和我一样，在人生路的踽踽独行中，努力着、奋斗着、收获着，同时却也不得不面对不期而遇的挫折与失败，体会着人生的种种悖论和由此带来的无力感。得遇《共鸣的灵魂：河合隼雄谈幸福》这本小书，对我而言亦是幸福，关于人生已有的沉淀与积累不时在阅读中碰撞出晶莹的火花。虽只是在心头一闪而过，留下的却是心有灵犀的感悟或余音绕梁的启迪与沉思。翻译过程中时时相遇的“小确幸”，让我对幸福的理解更加深刻。

这是一本思考幸福的书，相信在看到书名的一刹那，也许不少人会认为这是一本“幸福指南”，以为循着书中文字，“幸福是什么”的答案也终将穷出卷末。这种想法不可谓不对，也不可谓全对。用心体味，作者确实在不遗余力地传达什么是幸福以及如何把握幸福，但如果过于急切地想从中找寻答案，或许会怅然失望。

正如河合隼雄在前言中所说：“‘幸福’仿佛爱捉弄人一般，我们努力地接近它，却偏偏总是让它巧妙地溜掉。”当你刻意努力想要握住幸福，却发现它是那样地不可捉摸，哪怕看似近在咫尺，却又转眼天涯之遥。因为幸福不是物质的客观存在，幸福唯关乎心灵。

这本书并没有一条清晰的主线，给读者明晰的幸福的定义，然后一一给出明确的解决办法，这既是作者在人生中对幸福的深度理解使然，也是一种对读者负责的求真立诚的学者姿态。作者用一个个亲历的、充满人生哲理的小故事告诉我们：幸福其实是一种人生智慧，是认识自己、了解自己、接受自己的智慧，也是认识人生、了解人生、接受人生、享受人生的智慧。

河合隼雄是一名心理学家，所以书中故事的讲述大多从心理学的角度切入，而正是人的心理很大程度上决定了人的幸福观。心可以很大很宽，足以容得下陌生人的求助，容得下整个世界；心也可以很小很窄，窄得容不得至亲之人的一丁点儿无心之过，容不得身边人取得的小小成绩与荣誉……人的不幸福许多时候来自心灵世界的失衡，也就是跟自己较劲儿、跟自己过不去、过不去自己内心这道坎儿，同时也就远离了本可触及的幸福。正所谓“知人难、知己更难”。

《共鸣的灵魂：河合隼雄谈幸福》涉及的话题方方面面，有对自我的审视，对“为什么不幸的偏偏是我”的彷徨、疑惑的探讨，有对亲子关系的思考。当我们抛开习以为常、以陌生人的目光看待常常惹我们生气的亲人时，会发现他们原来如此可爱；书中还有对自然宗教意义上的思索，古树的年轮里本身就刻下了使人领悟生命的智慧；也有对古老传统弃留的反思，看似没有现实意义的古老仪式，恰恰是联结人与人、人与世界的深层纽带，丢弃了这根纽带，则我们失去的不仅是信仰，还可能是心灵的皈依，我们将不得不面对现实的浮躁和对未来的茫然无措……而人又是社会中的一分子。河合隼雄曾任日本文化部官员，心理治疗师和文化部官员的双重身份，也使他不时从对个人的人生问题的思考，上升到对家国，社会的建设与发展层面的热望。翻译到最后，很惊喜地收获了本书中最令我醍醐灌顶的一句话。在“无音之音”这篇小文中，作者从自己练习长笛的感悟谈起，领悟到看似无用的音符，恰是奏出最绝妙音符必不可少的条件，人生也是如此：

> 人的幸福或许也和与此相似。即便身处幸福的巅峰，倘若没有与之相对应的深沉的悲伤来支撑，也终将化为浅薄。没有单纯的幸福存在。当然，一般人只能听到长笛的高音。正如好的音色有着无音之音在支撑。幸福这东西也一样，即便他人眼中只能看见幸福本身，而要使其拥有厚度，也必须靠悲伤来支撑。

读到这里，仿佛散漫的光聚成细细的金黄一束，那是人生智慧的凝聚。人生是一场漫长的修行，修炼的是自己的心灵。只要拥有健康纯净的内心，才能获得心理上的平衡，也才能拥有感悟幸福、拥抱幸福的丰富而温润的心灵世界。幸福正是一种人生的智慧。

未来，属于终身学习者

我这辈子遇到的聪明人（来自各行各业的聪明人）没有不每天阅读的——没有，一个都没有。巴菲特读书之多，我读书之多，可能会让你感到吃惊。孩子们都笑话我。他们觉得我是一本长了两条腿的书。

———查理·芒格

互联网改变了信息连接的方式；指数型技术在迅速颠覆着现有的商业世界；人工智能已经开始抢占人类的工作岗位……

未来，到底需要什么样的人才？

改变命运唯一的策略是你要变成终身学习者。未来世界将不再需要单一的技能型人才，而是需要具备完善的知识结构、极强逻辑思考力和高感知力的复合型人才。优秀的人往往通过阅读建立足够强大的抽象思维能力，获得异于众人的思考和整合能力。未来，将属于终身学习者！而阅读必定和终身学习形影不离。

很多人读书，追求的是干货，寻求的是立刻行之有效的解决方案。其实这是一种留在舒适区的阅读方法。在这个充满不确定性的年代，答案不会简单地出现在书里，因为生活根本就没有标准确切的答案，你也不能期望过去的经验能解决未来的问题。

而真正的阅读，应该在书中与智者同行思考，借他们的视角看到世界的多元性，提出比答案更重要的好问题，在不确定的时代中领先起跑。

湛庐阅读App：与最聪明的人共同进化

有人常常把成本支出的焦点放在书价上，把读完一本书当作阅读的终结。其实不然。

时间是读者付出的最大阅读成本

怎么读是读者面临的最大阅读障碍

“读书破万卷”不仅仅在“万”，更重要的是在“破”！

现在，我们构建了全新的“湛庐阅读”App。它将成为你“破万卷”的新居所。在这里：

- 不用考虑读什么，你可以便捷找到纸书、电子书、有声书和各种声音产品；
- 你可以学会怎么读，你将发现集泛读、通读、精读于一体的阅读解决方案；
- 你会与作者、译者、专家、推荐人和阅读教练相遇，他们是优质思想的发源地；
- 你会与优秀的读者和终身学习者为伍，他们对阅读和学习有着持久的热情和源源不绝的内驱力。

从单一到复合，从知道到精通，从理解到创造，湛庐希望建立一个“与最聪明的人共同进化”的社区，成为人类先进思想交汇的聚集地，与你共同迎接未来。

与此同时，我们希望能够重新定义你的学习场景，让你随时随地收获有内容、有价值的思想，通过阅读实现终身学习。这是我们的使命和价值。

CHEERS

以一本书为核心

遇见书里书外，更大的世界

有声书
随时随地，有温度、
有感情地听本书

纸质书
湛庐纸书一站购买
还有读者专享福利

精读
2~4周，带你读完、
读懂、读透一本好书

电子书
最新最全的湛庐电子书
随时随地亲自阅读

讲书
30分钟
大咖给你讲本书
让你挑书不费劲

延伸阅读
编辑精心制作的内容拓展
测试、视频、注释、参考文献
只为优化你的体验

课程
权威专家带你快速浏览
一个领域的知识概貌

专题
主题式阅读书单
让你与更多好书相遇

图书在版编目（CIP）数据

共鸣的灵魂：河合隼雄谈幸福 /（日）河合隼雄著；蔡鸣雁译．—北京：北京联合出版公司，2017.10（2021.4重印）
（河合隼雄的心灵智慧）
ISBN 978-7-5596-0621-1

Ⅰ．①共…　Ⅱ．①河…　②蔡…　Ⅲ．①幸福—应用心理学　Ⅳ．①B82

中国版本图书馆 CIP 数据核字（2017）第 159675 号

著作权合同登记号
图字：01-2017-5027

上架指导：心理学 / 心灵疗愈

共鸣的灵魂：河合隼雄谈幸福

作　　者：[日] 河合隼雄
译　　者：蔡鸣雁
选题策划：湛庐文化
责任编辑：管　文
封面设计：湛庐文化 杨静玉
版式设计：湛庐文化 李新泉

北京联合出版公司出版
（北京市西城区德外大街 83 号楼 9 层　100088）
天津中印联印务有限公司印刷　新华书店经销
字数 154 千字　880 毫米 ×1230 毫米　1/32　8.25 印张　1 插页
2017 年 10 月第 1 版　2021 年　4 月第 3 次印刷
ISBN　978-7-5596-0621-1
定价：49.90 元
